华章经管

HZBOOKS | Economics Finance Business & Management

U0347929

华章经典 · 金融投资

市场永远是对的

顺势投资的十大准则

THE MARKET IS ALWAYS RIGHT

The 10 Principles of Trading Any Market

［美］托马斯·A.麦卡弗蒂 著　闫东琦 冯嘉琦 译
THOMAS A. MCCAFFERTY

机械工业出版社
China Machine Press

图书在版编目（CIP）数据

市场永远是对的：顺势投资的十大准则 /（美）托马斯·A. 麦卡弗蒂（Thomas A. McCafferty）著；闫东琦，冯嘉琦译 . —北京：机械工业出版社，2019.6
（华章经典·金融投资）
书名原文：The Market Is Always Right: The 10 Principles of Trading any Market

ISBN 978-7-111-62684-8

I. 市… II.①托… ②闫… ③冯… III. 市场交易－研究 IV.F713.50

中国版本图书馆 CIP 数据核字（2019）第 086537 号

本书版权登记号：图字 01-2019-1411

Thomas A. McCafferty. The Market Is Always Right: The 10 Principles of Trading any Market.
Copyright © 2003 by McGraw-Hill Education.

All Rights reserved. No part of this publication may be reproduced or transmitted in any form or by any means, electronic or mechanical, including without limitation photocopying, recording, taping, or any database, information or retrieval system, without the prior written permission of the publisher.

This authorized Chinese translation edition is jointly published by McGraw-Hill Education and China Machine Press. This edition is authorized for sale in the People's Republic of China only, excluding Hong Kong, Macao SAR and Taiwan.

Copyright © 2019 by McGraw-Hill Education and China Machine Press.

版权所有。未经出版人事先书面许可，对本出版物的任何部分不得以任何方式或途径复制或传播，包括但不限于复印、录制、录音，或通过任何数据库、信息或可检索的系统。

本授权中文简体字翻译版由麦格劳－希尔（亚洲）教育出版公司和机械工业出版社合作出版。此版本经授权仅限在中华人民共和国境内（不包括香港、澳门特别行政区及台湾地区）销售。

版权 © 2019 由麦格劳－希尔（亚洲）教育出版公司与机械工业出版社所有。

本书封面贴有 McGraw-Hill Education 公司防伪标签，无标签者不得销售。

市场永远是对的：顺势投资的十大准则

出版发行：机械工业出版社（北京市西城区百万庄大街 22 号 邮政编码：100037）
责任编辑：宋 燕　　　　　　　　　　　责任校对：李秋荣
印　　刷：北京瑞德印刷有限公司　　　　版　　次：2019 年 7 月第 1 版第 1 次印刷
开　　本：170mm×230mm 1/16　　　　印　　张：14
书　　号：ISBN 978-7-111-62684-8　　　定　　价：69.00 元

凡购本书，如有缺页、倒页、脱页，由本社发行部调换
客服热线：（010）68995261 88361066　　　投稿热线：（010）88379007
购书热线：（010）68326294　　　　　　　　读者信箱：hzjg@hzbook.com

版权所有·侵权必究
封底无防伪标均为盗版
本书法律顾问：北京大成律师事务所 韩光 / 邹晓东

献给马尔·格温（Marr Gwen）和斯图尔特·汤森（Stuart Townsend）

马尔·格温和斯图尔特·汤森通过研发直接访问电子交易平台、电子通信网络和直接访问交换系统，为广大投资者和交易者提供了公平交易的平台。在此之前，我们从未如此清楚地认识过市场。

但更重要的是，他们对员工给予的支持与做出的奉献。

| 致谢 |

我要向市场智慧交易学校（Market Wise Trading School）给予我帮助的员工和学生表示感谢，尤其要感谢其创始人——美国科罗拉多州布鲁姆菲尔德的戴维·纳赛尔（David Nasser），他为我提供了很多深刻的见解，希望作为读者的你能够理解其深远的意义。毕生从事交易并不是一个人能够选择的一份轻松的职业，然而这份职业也不乏魅力和乐趣。很多人沉迷于交易就像飞蛾扑火一般，如果飞蛾离火太近，它们只能体验到不愉快的灭亡。而有些环绕在火焰周围的飞蛾，它们吸取了光、热和能量，随后奔向自由与成功的新高度。学校与本书的目的就在于能够长时间地保护你，使你免于扑向火焰的毁灭，从而使你从世界的大市场所给予你的份额中获取更多。

在准备本书的过程中，我接受了来自山姆·克里斯鲍姆（Sam Krischbaum）的很多宝贵的建议和意见。山姆的另一个身份是一名具有从业资格的职业顾问，他向我介绍了九型人格学的应用。九型人格学将交易者个性做了结构化的分类，这是一个很有价值的工具，它能够帮助交易者认识到为什么他们无法实现自己的交易目标。更重要的是，它能够帮助交易者提前做好准备以经受住无法避免的交易压力。谢谢你，山姆。

我还想对布莱恩·香农（Brian Shannon）表示感谢，他是一名职业交易者，同时也是市场智慧交易学校的技术分析教员。他向我和学生们无私地分享了他作为交易者和技术分析师的宝贵经验与洞见。我们对此深表感激。

在本书以及我的其他书中，斯坦·严（Stan Yan）帮我制作了其中的插图。斯坦是少数几个能够将客户的利益置于自己利益之上的经纪人之一。此外，他还是一名很有才华的漫画家。

一如既往地，我与麦格劳－希尔公司（McGraw-Hill）的史蒂芬·伊萨克斯（Stephen Isaacs）合作得相当愉快。他能够完成本职工作，鼓励他的作者，并不断向他们提供咨询。

我也想对所有的交易者、作者及行业专家表示感谢，他们真诚地向大家分享了自己通过数年的交易得来的宝贵见解。我试图将他们已经集结成书的以及在研讨会中教授过的好点子收集起来。大多数这样的智慧经由交易者流传下来，最后变成陈词滥调。然而，这些智慧是有价值的，尤其对于新一代的交易者。我们希望他们能够学习并领悟这些信息，一如我们这一代交易者一直努力的那样。

忠告

成为一名职业交易者是一段旅行，而非终点。那需要花费数年的努力工作、学习、实践，甚至还需要一些运气。在旅途中，你会遇到很多障碍需要克服，其中最为艰难的就是失去交易本金。所有的交易者在他们的职业生涯中都会面对损失，特别是在刚开始交易阶段。一些人从此一蹶不振，他们的性格、精神以及经济上都受到了影响。因此，你要深入了解自我以及你所能够承受的损失对你和你所爱的人的影响。健康的心态是成为一名活跃的交易者的先决条件。

你不必非要交易股票、期货或期权，如果你怀疑自己在心理和经济层面都没有做好准备，就不要开始交易。否则，它会将你的人生置于险地。

时代的智慧

人类的许多集体智慧都蕴含在哲学概念中，比如法律、支配或者应该支配行为的意义模式、某些人类的活动和宇宙的概念。伟大的哲学家、宗教研究家托马斯·阿奎那（Thomas Aquinas）将法律区分为四类：永恒法、自然法、人法和神法。

永恒法包含已经流传几个世纪的所有科学类的法则，如天体物理学、化学、医学、心理学等。这些法则尝试解释这个宇宙和世界万物运行的规律。自然法支配着具有理性和自由意志的人类的行为，希望交易者也能够包含其中。我们是怎样做的？我们的行为应该如何？人法是指人类为自己设计的规范社会行为的法则，它的内容涉及社会生活的方方面面。从我们开车上路应该行驶在道路的哪一侧，到关于死刑的规定等，不一而足。对于被划归为神法的法律，必须有一些类型的神的介入，这些法律处理的是人类如何才能获得永恒的救赎。

还有一种涉及交易行为的宽泛的法律形式，它与其他法律形式一样古老。不幸的是，我认为这些规则确实缺乏神性的介入，尽管我的一些朋友试图游说我事情并非如此。经验丰富的交易者已成为传奇，他们为《旧约》最古老部分的内容提供了写作的素材。我曾经从一位来自芝加哥的交易者那里听到这样的话，他说自己在沙漠旅居过的那段时间里，他的一两个基因因此发生了变化。同样的道理，你不能在毫无目的地游荡了40年后，依然不具备一丁点儿的交易能力。

随着文明变得越来越有组织化和条理性，现如今的交易也越发成为一门精湛的艺术。就像是其他流行的和创造利润的行为，交易也在不断地发生改变和进化。在你阅读本书的过程中，一场巨变正在你的眼前发生。股票、期权和期货市场的公开交易场所正在变得虚拟化，越来越多的交易因为电子通信技术的实施而实现了电子化操作。今天，大量的买家与卖家之间的交易直接通过电子通信网络交易平台被执行，规避了由交易所的交易大厅做中间人的传统交易方式。甚至像纳斯达克和国际证券（期权）交易所都是通过虚拟交易平台实现交易的，而像 Archipelago 这样的电子通信网络交易平台也自行衍生出了一家电子交易所——ARCHEX。

直接访问交易这种新的交易阶段，将买家与卖家、卖家与买家之间连接起来，赋予了个人交易者更多的权限。而普通投资者们也为他们的股票、期权和期货交易开立了的账户。通过这些账户，他们自行做出交易决策，通过网络通信技术将他们的订单指令直接发送给实体的或虚拟的交易所。即便在成交量巨大、波动剧烈的情况下，指令也可以在十亿分之一秒内被执行。与此同时，网络信息时代的到来也促成了一大批网站的兴起，这些网站为个体交易者提供着丰富的资讯。而随着老派的专业分析师一个又一个丑闻的出现，他们最终自取灭亡了。

一时间，长期被忽视的个体交易者拥有了工具和机遇，引领着他们走向财富丰盛的未来。所有的工具（价格合理但功能强大的个人电脑、高速连接的网络宽带、大量的信息资讯），现在可以供世界各地的任何一位交易者在任意的时间段内使用，而这一切仅仅发生在短短的10年之内。此外，还有数不清的培训机构教授交易与投资的知识，它们的设施齐全，拥有最先进的交易大厅。

个体交易者甚至能够配备自己的订单处理系统，这个职能在过去200年间是由证券行业的专业人士在保密的状态下操作完成的。单枪匹马的交易者或投资者能够对纳斯达克的做市商和上市交易所的专家经纪人的询价与出价一目了然，也能够观察到期货与期权交易的订单走向。通过单击一两下鼠标，交易执行或撤销的指令便可在瞬间完成，还可以发起深奥的技术研究，提醒交易者信息的发生，或是提供针对所买卖证券的深入的基本面分析资讯。装备精良的个体交易者坐在他们的电脑前，通过网络与世界相连接，他们与大型交易公司的专业交易者站在同一个平台上。

撇开所有先进的高科技手段，当今的网友与古代的骆驼骑士有很多相似之处。计算机时代将我们抛进了即时接触与享乐的新世界，但人性始终伴随着我们迈入 21 世纪。

享受成功与丰盛人生的关键，在于我们的良知不会受到悔恨与遗憾的困扰。跟随上天的旨意，用心感知这个概念，或是遵守自然法去实现我们生命中的这个目标。我们夜晚可以安枕无忧，因为我们知道自己没有违背自己的信仰，即到底是什么在支配着宇宙的运转。我们不必对别人因为触犯原罪而遭受的苦难感到抱歉，按照遵守道德的方式生活本身就是回报。

如果你的成功生活的一部分与交易有关，那么遵守本书所包含的交易准则能够带给你金钱的回报以及你所渴望的内心的平和。于我而言，此处所描绘的见解不会比古代先哲提出的深刻洞见对于文艺复兴时期人们的精神启蒙作用更加深刻而独到。在本书中，我尝试去做的就是将我在这 30 年中所读、所闻、所学的关于交易的见解和最好的建议归集于一处。

你或许对自己读到的很多内容都非常熟悉，而有一些内容，我希望对你来说是非常新颖的。幸运的话，书中所有的一切都将赋予你的交易生涯以新的意义。因为我们生命和交易中的大部分内容都是以应对生活中的贪婪、恐惧、愉悦和痛苦为中心的，而那些法则恰好体现了人们自直立行走以来所学习到的大部分内容，你会不会因此而感到些许惊奇呢？

交易者必须在交易中面对人性的复杂，无论是他们自己的还是交易伙伴的，因为他们要共同应对他们所交易的市场发生的种种情况。本书的目的是为你提供一种见解，即数百位交易者已经发现的行之有效的驾驭和引导人性的方法。

　　本书是写给新进入市场的交易者的，期望他们能够因为本书而拥有一个很好的开始。如果你能够遵从书中讲到的交易规则，你就能够避免落入前人经历过的层层陷阱。

　　本书也能够帮助那些已经在市场中交易了一段时间却没能收获预想中的成功的人，在文中你可能刚好找到你所需要的帮助。这是一本适合职业交易者和半职业交易者定期反复精读的书。阅读本书，可以使你理清思绪，巩固你的交易原则，这些原则在过去有效，在未来也仍然会有效。它还能帮助你找到并改掉你的坏习惯，那是你在过去的交易经历中形成的。

　　交易有赖于好的行为习惯，那是几个世纪以来流传下来的一系列真理，它使优秀的交易者表现得更优秀，正如那些使好人更好的真理一样。我将能够找到的尽可能多的那样的深刻见解集结在本书中，希望其中的某一条能够改善你的交易行为。一名仅仅勉强求得生存的交易者与杰克·施瓦格（Jack Schwager）所描述的"金融怪杰"之间，存在着一条泾渭分明的界限。

|目录|

| 第一章 |

市场永远是对的

  一位交易者必须将他的意志向市场臣服，如同水手臣服于大海。最富有经验的船长，即使掌握着先进的航海技术和具备丰富的指挥经验，驾驶着设备最为先进的船只，他在驶离港口时也要冒着失去船只的危险。在海中航行的危险从被台风吞噬到撞击冰山，不一而足。如果遇到一场风暴，将海浪卷起 1 英尺[⊖]、4 英尺、16 英尺、64 英尺，那么这位船长会将船径直驶入危险的领域，还是会在风暴到来前就试图离开呢？正确的决定必须果断、决绝地做出，否则便会一败涂地。船只的性能必须与海和风的条件相匹配，这并不是一项简单的决策或一种精密的科学技术。

尊重市场的力量，不可随心所欲

  交易者通常会面对相似的情形，市场就像这海水一样残酷无情。市场条件会突然改变，期货市场会突然出现跌停，股市的激烈变动可能会强烈到导致交易遏制机制的发生。如果你尝试反抗或者将你的意志强加于市场，

  ⊖ 1 英尺 = 0.3048 米。

你将招致灾祸。我见到过的交易者和短期投资者所经历的最大的损失便是当他们持有多头时等待市场为他们扭亏为盈。遗憾地讲，即便是经验丰富、富有学识的交易者也会不时地被这种错误的想法所引诱。

自我影响着现实。"我已经做了研究。我知道我是对的，如果我能够持有更长一段时间，市场即将发生变化。"这些交易者违背了一条最根本的交易规则——尊重市场的力量。如果你看到市场的变化与你的交易预期相悖，那么及早退出。如果你的分析告诉你，市场走势与你的持仓背道而驰，那么就果断放弃它吧。

如实验室老鼠般谦卑

市场会教会你拉动杠杆 1 得到食物，拉动杠杆 2 得到水。如果你拉动了杠杆 3，你将体会到电击的痛楚。过了一段时间，如果你成功地拉动了杠杆 1 和杠杆 2，你会认为自己真是一个天才："我主导了市场！"但你真的是天才吗，抑或是你交易的那个市场才是？千万不要把一个牛市的到来归因于大脑。学习并接受市场的规则可以避免无法承受的意外的发生。

这并不意味着你不能对交易投入热情，却意味着你应该预备一些资金出来在交易中承担风险，它可以是美元、美分或是一个比例。职业交易员常常会确定他们能够容忍的损失，这取决于他们所交易标的当前的波动情况，以及下一个支撑和阻力水平作为股票价格的百分比或一个具体金额。但这种方法并不总如它所提供的信息本身那么重要。

无资金，无交易

例如，当股市出现大幅震荡或期货合约的价格波动幅度很大时，你可能会频繁地执行止损操作。原因在于，如果价格的波动违背了你的预期，持仓市值可能会出现巨幅震荡。在它们最鼎盛的时期，一些科技类股票在一个交易时段中的涨幅就超过了 25 个百分点，但生猪期货合约已经连续 5 日下跌。这类股票或期货合约的交易风险在于，当达到你所设定的止损价格时，止损指令会变成一个市场订单。基于这一点，你对于成交价格是没有控制权的，它将会削弱你的交易能力。如果你使用的是限价订单，当股票或期货一直达不到或者优于你的限制价格时，那么你永远无法成交或平仓。

抛售亏损的股票

一旦发现你的持仓无法盈利，你应该立即抛售使你亏损的股票。不要错过将投资本金投入未来可盈利的交易中的机会，不要让资金受困于已经失败的交易，不要让资金冒险。当你笃定它值得回购时，你便可以以一个合理的价格回购股票、期货或期权。公开市场永远正确，因为在这些有即时通信和实时报价的日子里，无论你做的是何种交易，世界范围内的有效市场永远存在。所有的买家和卖家一起决定你所要买卖的标的的价值。作为一名买家或卖家，这都无法避免。如果你抗拒这个事实，就可能会和那位与暴风雨斗争的船长一样有着相同的命运。

这条建议似乎很微不足道，如生活常识般朴实无华，或者太过明显不值得浪费你的时间去学习。相信我，事实并非如此。如果你不完全接纳市场正在做的以及市场告诉你它即将做的，你将会葬身海底，就如同一名水手必须毫无保留地接受他的晴雨表、雷达、理智和直觉的指引。即使非常有经验的交易员和水手偶尔也会被情感和自我蒙蔽住他们的判断，不要成为他们中的一员。

尊重市场，也意味着彻底地在所有层面掌握市场。你需要知道一切，从如何计算交易的风险回报率到税赋对各种交易类型的影响，以及如何读取你的账户报表。你必须了解电子订单交易流程和互联网的运行机制。最重要的是，你必须了解你自己。愚昧会使你的交易账户损失惨重。

如果你想成为一名成功的交易者，第一件事情就是要忘记你所学过的所有关于投资的知识。我不是告诉你要中断投资，你需要维护一个长期稳定的核心投资组合、人寿保险以及应急储备金。我所说的是，有太多的聪明人混淆了交易与投资，或者尝试同时操作这两件事。交易者的交易倾向是短期性的，而投资者则对长期投资感兴趣。当你想投资的时候，你应该考虑持仓。而交易者的思维应该是抛售股票、期货合约以及期权以实现快速盈利。

另外一个看待这种两面性的方式是，投资者不应该接受追加保证金。如果他们买来是为了长期持有，即便是保证金账户，账户的资金也应该长期持有。投资者的目标是积累财富，而交易者的目标是增加收入，他们的投资期限更短，他们长期持有也是出于短期的考量。使用保证金可以增加风险和收益，这对于交易者是正确的选择，因为他们应该对市场时刻保持警惕并频繁地调整仓位。他们不像投资者那样买入并持有。当投资者用保证金进行交易时，他们是在试图通过杠杆作用增加收益。这意味着他们在向经纪人公司借钱并支付利息，以买入更多的股份。借钱的成本需要从投资者取得的收益中扣除。纯粹的日内交易者利用保证金，是不会考虑由此被征收的利息的，利息对于波段交易者来说并不是一件重要的事情，因为他们持仓仅持续几日或最多一周。

交易者要做好面对追加保证金的压力的准备，并向他们的配偶合理解释提取巨额交易资金的原因。如果他们不尽快舍弃掉失败的投资项目，便会经历被踢出局的风险。例如，我知道一个短线交易者，他的交易成功率超过80%，但当接到追加保证金通知时，他就成为完全的失败者，同时也成为大家私下里谈论的话题。他在成功与失败之间徘徊，通常也只是取得极小的成功或不亏不赚。这种人有时会丧失交易的能力或无法增加新的头寸，因为他所有可以调用的资金都用来追加保证金了。此外，接到通知时的压力破坏了他的专注力，他丧失了选择下一笔交易的主动权，也没有任何资本可以在交易中冒险了。

交易者对待他们的错误和本金的处理方式充分说明了他们对市场的尊重程度。你认为你需要用多少资金来做交易？你是否应该开立一个现金或保证金账户？你打算在交易中冒多大风险？

例如，一个现金账户体现了相当程度的谨慎，因为它只允许你购买最多数量的"自由"股本，或在你的账户中维持剩余的保证金金额。自由股本通常被定义为完全付费证券50%的金额，除去期权，再加上股票账户中任何没有被用作有价证券保证金的现金。用现金账户做交易是使我们遵守货币秩序的一种方式，但不是最有效的方式。对于新手交易员来说，这通常是一种好的开展交易的方式。使用保证金账户，你可以通过抵押股票或你的其他账户里的有价证券的市值向你的经纪公司借钱。目前的联邦法规，被称作 Reg T（T 代表美国财政部），对非当日交易的账户有着 1∶1 配比的保证金政策，期货或期权的杠杆作用更加显著。

例如，如果你交易的股票每股100美元，计划交易1000股，你则需要50 000美元的自由股权，因为需要加上足够覆盖利息、手续费和佣金的资金。这额外的50 000美元是你从经纪公司借来的。在现金账户中，你将只能交易一半股份，换言之，你只能交易500股。

杠杆作用虽然能够帮助你，但也可能对你不利。在上述情况下，它既有可能使你实现双倍盈利，也有可能导致双倍甚至更多的损失。在期货交易中，杠杆作用更加显著。它有可能带来20倍、30倍或者更高的杠杆率。

利用杠杆作用，特别是大比例的杠杆率，意味着交易者不尊重交易市场吗？对于市场的恐惧是什么？尊重与恐惧的概念是紧密相连的。对于市场的尊重什么时候会演变成恐惧？如果真的发生杠杆作用，你又打算如何应对？

在我深入讨论它之前，让我们来讨论一下你打算交易的股票、期货和期权。因为这个选择，你所要交易的规模也恰恰反映了你对市场的尊重（或恐惧）程度。例如，你所要交易的股票价格是10美元、20美元、30美元……90美元、100美元，或是更高？你一次性交易多少股？100股、200股、500股或是1000股以上？对于期货和期权是同样的。你打算交易1手、5

手、10 手或 100 手？任何一笔待定的交易在你的账户中应占多少比例？你的净资产和流动净资产在你交易账户中的占比是多少？如果你失去了整个交易账户资金，这将会改变你的生活方式吗？

此外，在变化无常的纳斯达克股票交易市场中交易和在业绩更加平稳的蓝筹股市场中交易是迥然不同的。在纳斯达克的场外交易股票，做市商和电子通信网络是核心关键。专家管理着股票交易所的上市股票，其关键词是管理。如果专家所管理的股票供需关系出现了失衡的情况，则他们拥有延迟开盘或中途停止交易的权利。

这种情况不会发生在以电子屏幕显示交易为基础的纳斯达克交易市场或场外市场中。历史上，纳斯达克交易市场更为震荡起伏是因为所有的玩家都在相互竞争。当骚乱爆发时，这里没有专家经纪人裁判员去喊停。如果由于前一晚的新闻事件导致了严重的供需失衡，那么在纳斯达克交易市场开盘时，股价就会骤然上升或下降。如果相同的情况发生在有价证券中，负责此项问题的专家就会要求推迟开市并采取措施使得在开市前达到供需平衡。这些专家是通过与他们周围的买家和卖家进行协商来调节市场的。专家也可以通过向持股人购买股票的方式，从库存中向市场注入更多的股份从而增加供给或减少需求。正是这种能力暂停了交易、调节了失衡，从而稳定了失控的市场，而且场内交易者知道专家并不想让市场如此无序地运行。这些稳健的解决方法对于纳斯达克交易市场、电子通信网络或期货市场并不适用。记住，这并不是一个万无一失的安全保障系统。在动荡时期，所有市场都可能会失控。出于这个原因，所有主要的交易市场都会实行限制性政策制止交易的发生以让市场归于平静。再一次强调，没有什么措施是绝对有效的。

在期货或期权交易中，交易者必须做出交易什么的决定。交易玉米与交易标准普尔 500 指数期货合约是截然不同的，二者都会震荡起伏并充满风险，但金额数值的变动会存在很大差异。例如，如果玉米的价格是每蒲式耳[⊖]2.5 美元，一份 5000 蒲式耳的合约金额是 12 500 美元。如果初始保证金要求是 500 美元，合约的杠杆率则为 25∶1。如果标准普尔 500 指数期货合约交易 1400 份，则期货合约价值为 350 000 美元（1400 份 ×250 美元），杠杆率是 17∶1（350 000 美元 /20 500 美元）。从技术上讲，玉米的杠杆作用更明显，但如果综合考虑整体价值，以及标准普尔 500 指数期货合约在历史上更剧烈的波动，那么它比玉米合约更令交易者恐惧。

你是否交易过波动非常剧烈的接近到期日的实值期权？还是交易过尚有数月才到期的虚值期权？你会卖出或买进无担保承购期权吗？这些选择会带来实质性的亏损或盈利，体现了一名交易者必须给予的尊重或恐惧。

你的交易策略也反映了你对市场的尊重与恐惧。短期交易者的交易量通常会很大，即买入或卖出巨大的份额。他们通过短时间持仓控制风险，如交易在分钟、小时之间。其中一个关键是持仓不隔夜。交易中小数位的引进对于此项交易策略有着重要影响，因为美分的变动（目前最小的增量变动）不利于频繁从事微小增量利润（small incremental profits，SIP）交易，因为 1 美元的 1/16（0.0625 美元）或 1/8（0.125 美元）是过去以分数交易的日子里很普遍的增量变动。

持仓更久的交易者则通过减少每一笔的交易份额降低风险。在这里，日内交易者可能购买 1000 手的份额，而中长期交易者则可能仅交易 300 或 500 手份额。

日内交易者可以忽略掉夜间突发新闻带来的风险，因为他们在每一交易单元结束后便可实现盈亏平衡。如果你持有头寸，特别是杠杆头寸，持有隔夜、几日、数周、数月等，则你需要面对负面新闻可能带来的风险，那些新闻会令你处于市场中的不利之地：当你无法交易或者当你意识到到底发生了什么的时候就已经太迟了，你已经无法做出反应了。此外，如果你利

⊖ 蒲式耳是一个计量单位，类似我国古代的斗、升等计量单位。1 蒲式耳在英国等于 8 加仑，相当于 36.3688 升。

用保证金进行交易，则你不得不向经纪人支付利息。

另外，新闻也可以是积极有利的，它会大大增加你所持头寸的价值。当你早晨起床时，你就已经变成了大富翁。这之间的巨大不同在于，当你长期持仓时，你将命运交给了机遇。要做到这一点，你需要臣服于未来，并愿意承担后果。从历史上看，特别是在漫长的时间维度里，这是奏效的，然而期间经济的衰退与缩减也总是不断出现。

更为激进的交易者则愿意把他们的命运掌握在自己的手中并实施整体控制。但要做到这一点，他们必须能够花时间变得有能力在交易时监控市场。这就需要你比其他交易者做出更多的努力，你会在本书中更深刻地意识到这点。

了解你的账户类型是什么、怎么样及其大小

许多经纪人公司都有最小账户规模要求。像电子交易那样的网上交易账户的规模是小于专门进行直接且活跃的交易公司交易账户的规模的，如特拉诺瓦公司（Terra Nova Trading, L.L.C.）。其原因在于网上交易账户的活跃程度较低，因此对于经纪公司的风险更低一些。记住，经纪公司保证了你的账户的财务完整性。有些时候，经纪公司会寻找最活跃的交易者，即便他们的最低交易量也很高，可能达到 100 000 美元甚至更高。其他公司则寻找有自律性和自我控制性强的交易者，因此他们仅需要在账户中留存较少的储蓄存款。网上交易公司的需求则从一个能够足够覆盖现金交易的额度到 2500 美元。根据联邦法规的要求，所有的保证金账户中至少保留 2000 美元，而所有日内交易账户必须达到 25 000 美元。

美国全国证券交易商协会定义的日内交易者在 5 个交易日中，至少要有 4 天或 4 天以上都在交易。如果一个账户中的日内交易额少于全部交易额的 6%，你就不被视作一名日内交易者。股票日内交易者允许 4：1 的保证金，而非日内交易者只允许 2：1 的保证金。

　　让我们花一点时间讨论追加保证金的通知，它是指你的经纪公司要求你向自己的账户中注入额外的资金。这里有 3 种追加保证金通知：① Reg T（财政法规）；②盘中调用通知；③维持保证金通知。当你频繁交易时，风险过高或你的账户资金不足将会使你收到这样的警告信号。

　　追加保证金的通知甚至会发生在一个现金账户中。例如，你账户中的自由净资产是 5500 美元，你以市价下单，以每股 50 美元的价格买入了 100 股，当股价上升至每股 60 美元时，你会做何反应？这时，你就会短缺 500 美元的资金外加佣金及服务费，你将会接到来自经纪公司的 Reg T 保证金追加通知要求弥补短缺资金。如果你没有满足通知的要求，则你的经纪公司有权卖掉你账户中的股票以弥补资金空缺，正如你在开户时签署的账户协议中规定的那样。此外，经纪公司也可能会关停你的账户，而仅仅允许你操作与清算有关的股票交易。一旦你清偿了债务，你也可以将账户资金转移至其他经纪公司，但在债务清偿之前，这种行为则不被允许。

　　对于日内交易者，Reg T 保证金通常是指隔夜的通知，因为这种情形发生在一名日内交易者隔夜持仓而没有充足资金的情况下。这与盘中追加保证金通知是有区别的。后一种类型的追加通知是发生在日内交易者超出了他每日购买权限的时候，超出了一个交易时段内的最大自由资金。这个数字会在每个交易时段的起始时刻，日内交易者所使用的交易软件平台的电子显示屏中显示。这类软件的作用就是为了阻止这种情况的发生，然而它也在不时发生着变化。

　　一名交易者的保证金数额等于账户中现金的双倍金额加上其他有价证券价值的一半，期权不包含在内是因为它不需要追加保证金。对于日内交易者来说，这个金额翻了两番。对于非日内交易账户，这个金额加倍。例如，你是一名日内交易者，账户中有 50 000 美元的现金和 50 000 美元的可追加保证金的有价证券，那么，你就有 300 000 美元的购买力。请记住，只有一半的股票价值是被认可的，因为股价经常上下波动，日内交易者取得的是

4：1 的保证金，而非日内交易者仅有 150 000 美元的购买力。

那么，如果交易软件可以防止这种情况的发生，为何日内交易者还会接到盘中追加保证金的通知呢？这里至少有两种可能的情景。一种情况是，这可能只是时间的问题。例如，日内交易者有 300 000 美元的购买力，他发出了一份指令以每股 100 美元的价格购买 1000 股。这只股票盈利 50 美分，这是交易者的盈利预期。他随后又发出了一个限价指令以内部买卖方的卖价卖掉那些股票。之后，他再以每股 150 美元的价格买入了 2000 股。对于这两笔订单，他都获得了部分成交，而不是一投入市场便完全成交。在此过程中，他持有超过 300 000 美元的股票不超过 1 秒钟。

另一种情况是，交易者急于买入一只股票后再卖出一只股票。他必须行动迅速，因为他账户里的钱是不够的。他决定以多重线路下单。多重线路是指通过多种路径向市场发送一个相同的指令。在这种情况下，他同时向 Island 电子通信网络和 Archipelago 电子通信网络市场发送卖空订单。他的想法是，一旦一份订单成交则取消另一份订单。但是两个电子通信网络的股票交易流动性都很强，而且它们是同时成交的。现在股票交易无法平仓，交易者成为空头。同时，他要买入股票去归还卖空订单。因为他已没有足额的保证金既做空一只股票又做多另一只，盘中追加保证金的通知就会被触发。如果他卖空的股票没有在上涨前购回，他就违反了上涨抛空交易规则，这样会带来更多的麻烦。多重路线是激进的日内交易者所使用的一种战术，它会将交易者及其所在的经纪公司及联邦监管机构置于险境。

维持保证金通知是指，当你的账户中所持头寸失去价值时会发生的一种追加保证金通知的类型。你必须在账户中保留足够的资金以满足维持保证金的要求，这其实比 Reg T 要求的保证金金额要低。长期持仓需要 25%，而短期持仓需要 30%。短期持仓的比例更高，这是因为联邦监管机构认为它的风险更高。如果你的资金低于这些水平，你则需要将其提升至 Reg T 水平。你通常会有 3 天的时间去满足追加保证金的要求，如果你的账户信誉良好，一般还会有额外两天的宽限期。

一旦账户资金满足或超过了 Reg T 的要求水平，用于追加保证金的资金则不必一直保留在账户中。超过要求水平的资金可以被提取出来。经纪公司通常会要求 10 天的等待期，以确保核查明确。请记住，一些类型的账户是不能被追加保证金的。这包括专门的退休金账户，如 IRA、401（k）或者保证未成年人利益的账户。

期货与期权有着其特有的保证金规则。每个期货交易的保证金委员会每天为期货合约交易设定特定金额的保证金。保证金规模随价格的波动而变化：波动越剧烈，保证金金额越高。对于期权，保证金则取决于你做多还是做空，以及交易标的物是期货合约、股票份额还是指数。期权长仓是不允许追加保证金的，你必须支付 100% 的溢价。期权短仓则取决于交易标的物，并大致符合交易和清算公司的金额要求。如果你同时买入和卖出，就以价内期权头寸的数额贷记。

现在让我们来看看风险与收益。首先我要提醒你，作为一名交易者有些风险是可控的，如交易市场中的时间、你所选择的交易标的物、持仓规模、你所在的市场属性（长期还是短期）。持仓时间越长，波动越剧烈，这些特性就越会被放大，你所期待的交易回报率就越高。相应地，你承担的风险也就越高。

风险与收益成正比

对于极短期的交易，具有频繁交易的特征，你可以成功获得 1∶2 甚至 1∶1 的收益。这就意味着如果你的止损点是 5 美分，你可以得到 10 美分的回报，或是以股份、蒲式耳、桶、包、磅等交易的基本实体的单位获得 5 美分的回报。对于波段交易，你的交易时间会更长一些（几天、一周甚至更久），所期待的回报率从 1∶4 到 1∶10 不等。前者的交易量大，后者的交易量小。永远不要违背这个规则。长线投资者期待 100% 甚至 200% 的回报率，而他们的持仓时间更是长达几个月、几个季度甚至几年。

熊市盈利、牛市盈利，贪婪则会一败涂地

交易的关键之一就是要跟着市场的节奏走。当你想退出的时候，你就主动退出，不要等到迫不得已时再退出，预期的回报率是与交易风险相匹配的。这意味着要设定实际的风险收益目标，并拿走市场所给予你的。许多交易者在适当的时机离场时就已经变得非常富有。

积极主动地管理你的账户

你的经纪公司会为你提供一种便利的方法，使你可以在收到日交易确认函和月度报表邮件前便了解掌握你账户中的所有交易情况。为你结算交易的经纪公司应该有一个网站，以便于每日公布你的账户交易情况。你要学习如何使用和阅读这些报表，它们并不总是简单明了。你可以直接去咨询你的经纪人或客服代表，直至完全理解这些报表。即便出现了些微的差异，你也要迅速解决它。

我发现一些客户服务网站最便利的功能之一就是提供损益报告。你可以发送邮件询问你的账户在一段时期内的利润报表，通常至少可以追溯3个月。你需要输入开始和截止时间。随后电脑就会在非高峰时段运行出你所需要的报表，然后发送邮件给你。你可以打开它并打印出来。对于活跃的交易者，我建议你一周索要一次，在周六或周日提出。

在这份报告中，每一笔买卖都有匹配的记录。报告也可以按照交易显示盈利或亏损。报告的底部会显示所有未被平仓的头寸。你的责任就是根据你的交易日志检查、核对所有的信息。一旦你确认所有信息是正确的，写下一句话的交易总结以巩固你对交易的思考与想法。对待自己要绝对坦诚。

从好的、坏的甚至丑陋中获取新知

例如：

"因为我的犹豫不决、害怕风险，我入市太晚从而错失了良机。"

"我没有按照预期的数额买入，我必须学会积极主动，而非被动。"

"我做得好！在大跌前以每股 2 美分的损失抛售了。"

"我做得太棒了！在遇到阻力之前就退出了，每股赚了 2 美元。"

对市场表示你的尊重，便可以知晓如何最好地利用市场所给予你的东西。在大多数情况下，交易者要么满载而归，要么颗粒无收。如果你与市场同步，便会收获非凡的回报。如果你没有顺应市场，就会血本无归。《圣经》中描述 7 年的丰收会被 7 年的灾荒所抵消，在交易中的 7 年则被压缩为数日、数周和数月。

当你充满恐惧时，不要交易

最后一个关键问题是：当你对市场的崇敬转变为恐惧时，它将如何影响你的交易？

每年都会有数千名水手和渔夫葬身海底。我的猜测是，每年会有更多的交易者血本无归或是损失了他们大部分的风险资本。交易者破产与渔夫葬身海底是相同的。但至少交易者还活着，他们有机会翻身复盘。另外，如果市场使你受挫，你会感觉自己如同鲸鱼的排泄物一般坠入深深的海底。请相信我，亏损是交易中的重要组成部分。

你必须时刻做好准备遭遇失利，特别是令人始料未及的重大亏损。如果你遭遇重创，以致对市场的尊重转变为恐惧，你必须退出交易或者重新调整好自己的心态。你也要意识到，当市场表现得相当不合理或当你打破了书中提及的一切规则却仍然得到了回报时，这同样是难以控制的。

恐惧与崇敬也同样是需要被克服的，这两种情绪依靠我们的理智与情感（我们的左脑与右脑）在我们的身体里得以滋生和发展。区别就是，到底谁占据主导地位。左脑发挥着我们投资者的作用，处理理性、逻辑、数学、现实以及最为重要的安全感。右脑发挥着我们交易者的作用，它处理感性、幻想、冲动以及最为重要的冒险性。恐惧滋生于左脑，影响并刺激着右脑。

一旦这种情况发生，一名积极的交易者可能会变得疲软。

尊重显现于左脑。它在交易者的头脑中扮演着重要的角色，但它也接受着右脑关于风险承受作用的调节，这可以使其变成一名积极的交易者。善于利用左脑的人会成为出色的中期和长期投资者。

到底是左脑还是右脑占据统治地位并不如想象中的那般容易区分，特别是对于非常积极的交易者。例如，如果你是（或者打算成为）一名干劲十足的交易者，在每一个交易时段操作着100手左右的交易，你就会发现自己对于交易量的衰退及流动和市场波动反应非常迅速，你必须依赖于你的右脑。但如果你的右脑完全占据支配地位，那么你会将自己置于困境，那时你就会逾越你的风险承受限度，最终被市场淘汰。此时，任何你对市场的崇敬都会被冷酷的恐慌所替代。你会变成这个圈子里最脆弱的人，最终彻底失去一切。

对市场的尊重也检测着你的风险承受取向，它告诉你，你在何时越过了底线。它促使你在交易之前做足功课。它使你对盈利保持警觉。当贪婪蒙蔽了你的双眼时，它也会向你发出警告。没有它，你便失去了灵魂。这就是为何我们要接受"市场永远是对的"才是交易的第一法则这个事实。

|第二章|

一切皆在你的心中

如果一切皆在你心中，当你置身于研讨会时或当你与其他交易者交谈时，为何你会忽视交易中的心理学因素？首先，教授一个具体、明确的交易技巧是非常容易的，因为你可以举出具体的实例，展示如何使用交易软件，提供历史案例。其次，这也是大多数交易者特别是在初始交易阶段会问到的："我该如何开始交易？我何时可以进入交易？我已经迫不及待地想要赚钱了！"

现实中，这个问题的另外一部分是，你必须有自学如何交易的能力。学习如何交易的唯一方法是，去实际地操作。你必须获取充足的背景信息并学习一些交易技巧，所有这些内容我稍后都会讨论。但是，当你脚踏实地地开始交易、管理它们直至清仓时，你只能靠自己。交易不是一项团队运动，而投资是。你无法与财务规划师互动，学习调研报告，寻找长期趋势，建立能够防范风险的投资组合。好的投资者也是很好的资源管理者。他们雇用并监督一个专家团队去制定一项投资战略。

交易者是企业家，而非管理者，他们把交易当作一个人的事业那样经营。交易者自己做研究、选择股票、亲自下订单、估值，最为重要的是，他们真正对结果负责并赖以为生。他们的交易事业，要么蒸蒸日上，要么走向衰败。你必须将交易当作一项事业去经营，正如它原本的那样。生意要么盈利，要么亏损。不幸的是，道理就是如此简单。

你必须对成功饱含激情

因为交易是非常个性化的（每一次你在市场中进行交易，你的资本便被推到了风口浪尖），这就很难让别人去指挥你如何交易。正如我稍后会详细讨论的那样，你必须形成自己独特的交易方式。要做到这一点，需要有专注力和忍耐力。若要做到持之以恒，你需要对市场保有激情，并通过激情进行理解和学习。例如，有这样一个深邃而平静的现实：价格图表上的一个点或是二级窗口上的内部出价，实际上代表着多数投资者和交易者在此刻的情感状态。

我花费了很多篇幅解释供给与需求的起起落落，原因正在于此。它可以告诉你整体市场的情绪状态。市场是积极乐观的，还是沮丧的？抑或是不稳定的？你可以看到市场这个主体有多么自信，或是多么充满恐惧。当一个宽泛、分散的价格模式信号出现冲突时，一个有序的市场就会呈现一致性的趋势。上升趋势自然是乐观的，下降趋势便是悲观的。

当你与市场步调一致时，你便开始形成了交易体系。一些人称它为交易风格，它使你与所交易的市场同步。你对待市场的方式必须是个性化的，这一点没人能够教给你。所以导师显得非常重要，他可以帮你描绘出并确立你与市场的关系。我们通常太过于接近我们所操作的交易，以至于无法从愚蠢的、毫无意义的交易行为中筛选出真正有智慧的行为。从丑陋的牡蛎中挑选出珍珠并把它们拼凑成美丽的项链正是成为金融怪杰要掌握的秘密。

杰克·施瓦格撰写的3本关于交易和交易者的优秀图书《金融怪杰》《新金融怪杰》和《股市奇才》出版后，"金融怪杰"这个词在交易圈内就变得十分流行。这3本书全部应该列入你的必读书单。施瓦格先生采访了他能够找到的金融界最成功的交易者。显然，他所寻找的是"交易圣杯"。接受他的观点对于你能否取得成功至关重要："在市场中取得成功的秘密，不在于发现了什么不可思议的指示或是精心研究的理论，而在于每一个人。"⊖

这些理论很棒，但可是你自己如何成为怪杰呢？不幸的是，答案只有一个：将你对市场的热情与实际行动结合起来！

对市场的热情意味着这样一个承诺：努力工作，奉献精神，自律，自我牺牲。我们多数人都缺乏这些美德。如果你对以下问题的答案都是肯定的，那么你就能够确信你对市场是饱含热情的：

1. 你是否每个月阅读一本关于交易、交易心理学或交易策略的书？（或者说，你所阅读的99%的书都与交易相关？）市场是你唯一真正感兴趣的事情吗？

2. 你有在收音机订阅《彭博财经早间秀》（*The Bloomberg Morning Show*）的习惯吗？

3. 每天你阅读的第一张报纸是《投资者商业日报》（*Investor's Business Daily*）或《华尔街日报》（*The Wall Street Journal*）吗？

4. 每天早上你打开电视的第一件事是收看CNBC频道以了解金融期货市场的盘前动向，进而捕捉到市场开盘情况的灵感吗？

5. 每天早上你是否会跑到电脑桌前，在网站中搜索第一财经新闻，以获取市场如何交易以及有何交易机会的线索？

6. 你的配偶是否反复要求你谈论除了你的最后一笔或下一笔交易之外的内容？他或她是否将你留在洗手间的市场报纸或杂志扔掉？你有没有听到过类似针对你将金钱花费在了金融市场报告的网络订阅费上而不是孩子的

⊖　杰克·施瓦格（Jack D. Schwager），《新金融怪杰：美国最顶尖的交易者》（*The New Market Wizards: Conversations with America's Top Traders*），哈柏·柯林斯图书出版集团商业分社（HarperBusiness）1992年出版。

教育基金上面之类的抱怨？

7. 当你试图向你的朋友分享一个即将到来的交易机会时，他们有没有告诉你要做点别的有意义的事情？相对于打高尔夫球，周六的时候你是否更愿意去更新你的图表？

8. 晚间时刻，你是否收看《每日财经报道》（*The Daily Business Hour*）或者《华尔街周报》（*Wall Street Week*）？

9. 你在查收邮件时，第一个要关注的是不是你的经纪公司发来的报表？

10. 在工作中，你周边的人都会前来向你请教交易诀窍吗？或是每个人都向你询问有关股市的问题吗？你是否总想开一个交易俱乐部？

11. 市场的幻影是否总是萦绕在你的头脑中挥之不去？你的生活中有没有比市场更重要的事？

12. 你的人生目标是不是交易一辈子？

一旦你的激情开始燃烧，你必须有所行动。那意味着交易。再次重申，你一定要学会选择适用你心态的方式去交易。**找到你通向成功之路的方法或秘籍！**正如我们一早提及的，良好的经济基础与教育背景至关重要。

你必须在情感上接受、适应你所进入的交易舞台。在交易的第一天，你可能会感觉很糟糕。因此，请谨慎选择入市的时机、所交易的市场，以及要执行的交易。使用书中教授你的各种规则，然后逐渐发展出你的规则。对你来说，哪里是最好的竞争场所，家里、交易市场大厅，还是交易学校？第一天交易，选择多大规模的交易份额使你感到合适？你会选择交易冷清还是交易活跃的市场？你会选择在开盘时、收盘时还是中间时段进行交易？我的期望是，在这本书结束之时，我已经做到使你对上述问题的答案了然于胸。

另一个难以逾越的心理上的巨大障碍是学会面对失去。但你也不必像一些专家建议的那样，要感激它甚至去爱上它。我讨厌亏钱，那会让我发疯。尽管如此，你要持有这样一个态度：每一次的失去都能够给我们上一课。这对于分析你在进入或退出使你亏损的交易时的情感，以及剖析你的交易技巧和市场行为显得尤其重要。你必须在你的交易日志中记录下你当时的感受。

例如，我经常坐在交易者身边观察他们如何进行交易。当他们套牢或者解套之后，我会询问他们到底发生了什么。他们的回答大多如此："我只是错失了良机。在我采取行动时发现大势已去。"对于自己的判断缺乏自信，这就等于在行动前还要浪费时间去确认形式，这是一个致命的缺点，必须被克服。你可以通过减少交易的份额解决这个问题，这样风险就会降低。同样地，在这段时间内你可以将交易的成本如佣金扣除在损益计算之外，保持高度的注意力，在形势变化前提前采取行动。我将会在第六章中讨论进入交易前的信号。现在让我们关注一下你的心态。

你必须持有这样的心态，学习如何交易，就像其他的教育经历一样，需要投入时间和精力。你需要把花在佣金和损失上面的钱当作学费。如果你不把它当作对你的生意或未来的投资，当你的风险资本蒸发掉时，就会产生严重的问题。如果你认为运作一个零售生意或开展一个制造业的生意不需要任何投资成本或不存在失败的风险，这难道不是一件很不合理的事吗？学习如何交易并没有什么不同。成为一名职业交易者，每天除了花 6.5 小时交易并不需要做别的什么，用传统意义的话来说可以节省不少经费。你所需要的不过是一个交易的场所（家中或是办公室），能够连接到网络的计算机、交易软件，并准备足够的交易资金。你并不需要购买一间公寓，投资机器设备，或是雇用员工。

上面说的是好消息，这里也有坏消息。你需要接受教育。一所好的交易培训机构需要一周 3000 ~ 5000 美元的学费，此外，你还需要一些更高阶的课程，提供关于技术分析、期权或是唯一的交易战略。另外，你还需要支出几千美元以购置支持多屏显示的强大的电脑。你还需要做好准备，你和你的家庭可能会面对持续将近 6 个月的亏损，随随便便就能够损失 25 000 美元。如果你在专业的交易大厅进行交易，你需要支付每月 500 美元的席位费用，这样能够享受到一套桌椅、一台电脑、网络以及交易软件。如果你在家里进行交易，同样需要负担交易软件平台每月的支出，其中包括支付给各交易所的实时交易报价费用。这可能会每月花费 300 美元，但它能够通过交易行为抵消掉。例如，如果你每月交易 25 ~ 50 笔，你将免费使用交易软件，这是由你所在的经纪公司决定的。当然经纪公司是依靠佣金手续费盈利的，它们根据你的交易量每月收取 10 ~ 15 美元的佣金。如果你通过较多的交易量得以免费使用软件，那么你一个月的佣金支出就会达到数百美元。

我的观点是，学习交易的花费是不菲的。如果你成为一名全职交易者，很容易就会在上面投入 50 000 美元甚至更多。你所听到的那些故事，或者说得难听些就是经纪公司散播的广告，诸如仅仅交易几次一些年轻人就可以开着直升机去上学，或是卡车司机购置了一座岛屿之类的，它们仅仅是故事。更准确的说法是，它们是播着白日梦广告的机构在兜售经济服务。学习交易的过程是枯燥的、耗费时间的、艰难的。更重要的是，它就像风险投资机构投资昙花一现的网络公司那样充满了风险。

当你计划着手开展你的下一笔交易时，所有这些信息都可能在你的脑中打转。这就是为什么你在点击鼠标下订单之前需要花时间确认形势的原因，或者说是你犹豫不决的原因。是什么使你止步不前？你已经看到了交易的发展趋势，这势头建立在 20 个时间周期的均线之上，而支撑仍在继续。交易已经蠢蠢欲动，是时候采取行动了。你知道你必须在形势开始启动前采取行动，是行动而非被动反应。

如果你还没有开始交易，是你缺乏自信，还是对施加在你身上的财务压力感到恐惧？你需要与自己（或你的导师）进行沟通以了解到底发生了什么，去制订一个计划或练习以增强你的自信，依靠你的技能读懂技术信号或市场观点。你需要回去使用模仿软件以缓解真实交易带来的压力，或者更好的办法是，减少你的交易份额从而使你感觉到承受这一点点损失对你而言是微不足道的。去交易 100 手而不是 1000 手，这会给你带来更多的自由空间开展行动，并驱除那些阻碍你发现自己真实潜能的负面影响。

如果你曾经参与过一些有身体接触性的竞技活动，如足球、英式足球，你可能有受过伤的情形。但如果你因为害怕再次受伤而畏首畏尾，几乎可以确定的是你会再次受伤。你必须战胜这种恐惧，只要参与进来就必定会有所失去。交易的道理亦然。害怕亏损就没法赚钱。如果你无法承受亏损的风险，就不要进行交易。

在你成为一名合格的日内交易者之前，你可能需要操作几百笔交易。对于一些人来说，这就像是要去攀爬一座不可逾越的高山一样。事实上，这可能也就需要花费几周的时间。而对于中线交易者来说，这需要的时间更短。造成这种差异的原因是，短线和动量交易是依赖直觉的，这种直觉需要磨合。而中线交易更加依靠大脑的参与，需要大量深层次的分析与计划。交易过程发展缓慢，持续的时间更长。我并不是暗示日内交易不需要大量的研究和准备。它需要，但性质不同，你将会在第五章中学到在交易之前做的一些小练习。

什么样的交易风格比较适合你的个性？你更适合成为一名战斗机飞行员还是民航飞行员？你是那种享受惊险刺激的类型，还是喜欢成为有条不紊地准备从市场中获取比原计划更多的人？你愿意负担学习交易的成本吗？对于这些问题只有一个正确答案，而这也是最适合你个性的选择。哪一种更匹配你的生活方式，哪一种是你愿意花费时间去倾注的呢？哪一种能够成为你的职业或是兴趣爱好？只有你能够决定。一旦决定了，就不顾一切地去做吧。

但在前进的道路中会出现一些心理上的阻挠。在本章的剩余部分中有一些规则应该能够帮到你。例如，永远不要让你的心态受阻。交易不适合抑郁的或者情绪化的人。积极的交易者亏损的交易会比盈利的交易多，但他们能够从一笔大额的盈利中扭转局面。这是一个简单的交易事实。把自己当作一个梦想进入棒球名人堂的棒球运动员，如果他每次只能击到一次球，那么他绝不会成功。如果他的安打率有300甚至250，或许他会有成功的希望。无论你怎样击球，这名球员在他的球队比赛时的大多数时间都会坐在板凳上，而不是出现在击球区。你可以在市场上打出一个漂亮的300安打率。

小贴士是留给服务员的，而非交易者的

心理健康和交易成功的最关键因素之一是，你要永远为自己的交易决策负责。除了你的导师或教授，不要听信其他建言献策的人的意见。即便如此，也要依靠自己来做决定。要么靠自己，要么不要交易。任何一个入市和退市的决定都是你自己做出的，你要为此负全责。

一旦你开始责备其他的交易者或者自己的同事，你就需要做出一个重要决定。你还想继续交易，还是直接放弃？你能够坚强地承受住来自市场不时给予我们的重击吗？不幸的是，当我们第一次面对时，这种打击似乎异常沉重。这便是了解你的最大承受点的含义。偶尔，当我们受到了足够多的惩罚或是承受了足够大的压力直到喊出"我受够啦"，就会意识到这个最大承受点是多少。是时候休息一下了。离开场、喘口气，直到你迫切地想要回去继续交易。每个人都有休假的权利。

好时机恰恰充满着危险。例如，你的每一笔交易都赚了钱，你的账户金额成倍增长，这个时候一定要慢下来。你没有点石成金术，过度交易的风险已经发生。你要学会调整你的步伐。如果你做不到，就会发现因为操作得太成功以至于使自己跳入了高风险的交易中。你需要淋一个冷水浴，仔细审视自己的每一笔交易是否都是按照规则进行操作的。如果你发现自己走了捷径避开了规则，那么终就会为此付出代价。这就是你必须将自己每日的计划记录于纸上的原因，这样你才能够回顾和确保你所做的是你应该做的那样。

过度交易通常发生在一个持续的牛市中。好的市场行情能够遮盖住大量

的阴暗面。这就像扔掷马蹄铁或手榴弹，投掷者只有靠近目标时才能够准确判断。对于交易者来说，保持常胜的关键是，时常转过头来接纳这样的事实：市场永远正确。你必须保持谦卑并接纳市场所给予的。市场变化时，你要及时做出调整。这对于很多日内交易者来说是令人痛苦的事实，在20世纪90年代晚期的牛市，他们认为他们已经完全操纵了市场；然而在21世纪的初始时刻，他们被熊市的到来屠杀得片甲不留。太多人无法及时做出调整，他们的美梦随着牛市一起破碎。

自我分析在连续取胜中显得尤为重要。你必须能够区分到底是你的交易系统真正发挥了作用，还是市场暂时地配合了你。如果市场发生了变化，你的交易系统还会继续为你盈利吗？当变化来临时，你如何识别，如何最快速地做出调整？你需要对你的交易系统做出怎样的调整以适应新的市场行情？你要将应对市场看作应对天气变化那般。你要注意每一天是冷的还是热的，阳光明媚还是乌云密布，多风还是无风，抑或是各种天气状况的混合。每一天的天气貌似都是相似的，然而确实又存在不同。

股市也是一样的。它或上涨或下跌，或波动或平静，或兴奋或迟钝，即便是同一只证券，其每一天、每一次的交易都是独一无二的。它如何适应你的个性呢？每一次交易时，你面对新的挑战是否会感到安心？或者是你更愿意在家处理一些相对可靠的事情？这些答案并不重要，重要的是当你做出交易决策的时候你不再感到焦虑。永远记住：你不是一定要去交易。只有在你真正想去交易并且找到了一个可以盈利的投资机会时再去交易。无趣的交易就像是与女蜘蛛人接吻一样糟糕。

像精算师一样交易

像精算师一样交易，这意味着冷静、理性并精于计算。了解你的进入和退出点，想象一下交易该如何展开，确定好你的止损价格。做好准备在逢高卖出时获得利润，但也要时刻准备着在这些措施都不起作用或你不知道发生了什么的时候退出交易。不要使你的原则摇摆不定。

原则通常意味着当无事可做时，就不要做任何事。如果你发现你对一笔交易做着各种调整，在没有充分理由的情况下就调整了买入价和平仓价，那么这就是在提醒你，这是一笔糟糕的交易。退出这笔交易，分析一下你应该做什么，如果它还可行就重新开展这笔交易。如果你突然感觉到情况不对，不要迟疑，立刻退出交易。市场会在细微处告诉你，变化已经发生，你的交易已不适合继续。

跟着直觉走

在交易的过程中，你试图去预测未来，而这显然不可能。这使你的直觉变成了一项重要的工具，运用你的第六感吧。尽早发现你对市场是有好的直觉还是不好的直觉。这一点非常重要，因为当市场一片混乱时，通常你能够依靠的只有你的直觉。拥有敏锐的交易直觉就像拥有好的方向感一样。当你在一个陌生的场所遇到了十字路口，是不是依赖你对方向的猜测更加可靠一些？在交易的时候，你会发现自己处于相同的境地。是立刻就买入还是等待？你必须对自己的直觉能力变得敏锐起来。当站在交易的十字路口时，如果你判断它不可靠，那么你必须做出调整，退出交易。

学会对自己绝对忠诚。例如，当你跟着感觉走并因此而获利时，你要将这种感觉牢记于心。这就好比在高尔夫球俱乐部挥出了完美的一杆，将你感受到的这种绝佳状态记在心里，这样你才能再次体验到这种状态。另外，如果你的盈利完全出于偶然，那么请将这种情况与完全忠实于自己直觉的感觉区分开来。偶然取得的成功无法复制，但凭借直觉操作的交易是可以复制的。这可是天壤之别。

你必须为市场对交易者做出的不合理的奖励和惩罚做好准备。例如，你操作了一笔完美的交易，却在此过程中损失了2美元。下一次，你感到厌烦了，仅仅出于某种目的操作了一笔交易，然而它上涨了5美元而且还在一直攀升。面对现实吧，市场就是这么不讲理，它无法被预测，没有人能够预言未来。你必须能够在一个极其不公平且不确定的世界里求生存。

现在，你应该很清楚经纪公司为交易者投放分类广告时所寻找的那种性格类型了吧。你会去申请吗？

一些人将交易者描述为拼图大师，他们是在试图去完成一个拼块形状不断变化的拼图。任务貌似不可能完成，但拼图大师通常能够在拼块的形状变化之前将其摆放在恰当的位置。这便被称作一笔成功的交易。如果遇到一个大拼块，拼图大师就会特别高兴。

除了拼图大师，还有业余拼图手。这些交易者拥有热情，但他们没有时间、自信或方法去做全职交易。对于大多数职业来说，业余职业者做得也很好，但并不轻松。他们必须花时间研究市场、练习交易，学习新技能。

在交易中保持不断学习是我最为享受的一点，它永远不会停止。最棒的是，交易者也在不断地了解自己。处理得当的话，这种学习也会使交易者在私人生活方面受益良多。好的交易者通常也是好人。他们谦逊（这是市场所要求的品质）、敏感（是为了捕捉市场做出的提示风险或投资机会的微妙变动）、乐于给予（通常是回报于市场）。并且显而易见，他们有足够的幽默能够拿来自嘲，正如市场常常嘲讽他们一样。

如果你希望能够加入这个发现之旅，你会非常受欢迎的。但首先要努力想一想，你真的想要交易吗？如果答案是肯定的，那么如何交易？交易多少？

然后审视一下你最初入市的动机，那是你对市场的热情还是你对立刻能够赚来一大笔钱的渴望？你是为了自我发现还是对某种行为上瘾？如果你对这些问题的答案都是后者，那么还是去拉斯维加斯试试运气吧。我的经验是，交易不适合财富掠夺者和瘾君子。

你尝试、尝试、再尝试，最终发展出一套符合你的个性并给予你优势的交易体系，这是一项艰难的、令人沮丧的工作。如果没有优势（一项轻微的统计学上的优势），你将会置身于充满痛苦的漫长寒冬。优势，通常就是要做好你的家庭作业。它意味着要去发现交易细节，像是盈利运作、分割和其他可靠的东西，并且你需要制订一个深思熟虑的计划以及规则以去执行。

要知道，当你变成了一名职业交易者时，操作就会变得轻松、容易。所有的努力工作与练习都会得到回报。此时你再观望市场，便会知道下一步该做什么。现在这种情况不会经常发生了，至少大部分时间不会发生。但即便你没有与市场保持同一步调，你也知道你还拥有站在一旁观望的权利。

最后一点，永远不要失去你对市场的恐惧和喜爱。就像艾哈勃船长不希望他的捕鲸船上的任何一个人不惧怕老白鲸那样，我不希望任何投资者对市场的力量不抱有敬畏之心。你必须学习接受市场所给予你的鱼和鲸，不要怀有责备它、驯服它或改变它的想法，因为**市场永远是对的！**

当你对自己的期待有了更深入的了解之后，我将会在最后一章中返回来讨论你如何在心理上做好充分的准备向市场臣服。

第三章

你无法做好充分准备

一名 19 岁的一等兵进入 G-3 帐篷准备接受作战指示。负责情报管理的船长与这名年轻的海军一起制订作战计划。这是一个为期 3 天的任务。他需要与来自 B 连的侦察兵取得联系，并护送他及他的伙伴抵达登陆点。从那里，他们要一起向 507 山进发，那里有一处绝佳的地点，可以向大象谷开火。那里还有便于他们前进和后退的小道，这对于海军陆战队狙击手来说是一个极佳的射击点。

把自己暂时想象成那名狙击手，想象一下他需要做何准备。这项任务非常危险，需要精准度和大量的准备工作。这是一项完全独立的任务，需要深入敌后且任务点超出了距离最近的大本营所能提供的火力掩护范围。任务中的任何细节都要被仔细、周到地考虑到，并事先做好计划。业余的门外汉不适合这项工作。

在作战指示开始，船长回顾了收集到的所有关于 507 山和大象谷的情报。敌军的活跃程度怎样？他们在过去几周都做了怎样的部署？当地居民是否积极支持敌军的活动？最高优先级的目标是什么？这名士兵已经配备了最精确的地图，这是一张等高线地图，显示了山谷的海拔和周围的群山地貌。一名训练有素的地图阅读者能够在脑海中构建起山谷的所有显著特征和周围的地形地貌。地图中标注了支持炮兵部队在紧急情况下进行火力支援的位置。他们记下了通知信号和无线电频道。他们尽可能少地携带私人物品进入敌方国家。

　　一旦作战指示结束后，狙击手开始了他的准备仪式。他们变得非常庄重，那些目睹过资深狙击手的准备仪式的人说，这让他们联想到斗牛士在为自己的斗牛事业做准备。这种仪式的目的是使头脑保持清醒、做到心无旁骛，而不是为了任务或者做好准备进行杀戮或被杀。

　　当狙击手回到驻地，准备工作即将开始。他与同伴展开地图，选择隐藏地点，那里需要能够提供隐秘的遮蔽以及开阔的射击范围。每一处隐藏点也必须能够提供多条撤退通道。一旦狙击手开火，他必须能够在不被发现的情况下转移至另一处隐蔽点。此外，他还要找到安全的场所过夜，并能够通向与其他侦察兵约定的集合地点，侦察兵会护送他安全返回大本营。此外，也要指定好另外的备选集合点，以防在撤退时遭到敌军的猛烈追击。剩下的时间就用作个人的准备工作，它具体包括：

- 对他的武器——一架温彻斯特 70 型、口径 30-06 的狙击枪做最后的清理工作。
- 仔细装上雷德菲尔德 3×9– 瞄具。
- 再次为他的靴子做好防水处理。
- 选择并装备好口粮；只能够装备最少的口粮，因为遗留的垃圾会让敌军有迹可循。
- 检查所有装备（腰带、水壶、行军包等），需满足 3 天的供给。
- 将弹药分类，以满足 300、800 或是 1000 码[⊖]以上的射程要求并符合相应的温度及湿度要求。

　⊖　1 码 =0.9144 米。

- 给妻子写一封信，以防他无法返回大本营时寄送给她。

- 花一些时间祈祷和冥想。

　　狙击手的助手也有类似的仪式，这里不再赘述。两人都要将注意力集中在即将到来的任务上面，他们只能依靠彼此，忽略掉任何事都可能导致生与死的天壤之别。与侦察兵分离后不久，他们将黑色和绿色的油漆涂抹在自己身体上所有裸露的部分，为他们的装备做伪装。在这一刻，他们开展了土方作业，战斗开始了！

在蓬勃发展前生存下来

　　我使用狙击手做比喻是基于一个重要原因的。我想要为那些考虑成为职业的或活跃的半职业交易者加深一个印象，那就是交易是多么严肃的一件事。诚然，如果你作为交易者失败了是不会被俘虏的，但你仍要对求生存抱有强烈的渴求。交易就是一种优胜劣汰的职业。

　　你必须接受这样一个现实，大部分人感觉自己是被一种神秘的力量召唤到这个职业当中的，最后却被无情驱逐。如果有人没有像狙击手严肃对待他们的工作那样对待交易，那么他会被这个行业所摒弃。这些话听起来很残酷，然而这正是我想表达的。与通俗小说描述的相反，成功的交易者往往是保守的风险承担者。这听起来似乎是矛盾的，然而事实并非如此。交易的真谛在于发现如何在市场中获得优势。你将如何利用微小的优势为自己谋取利益呢？否定这种方法的交易者就是赌徒。

　　交易者如何在市场中获取优势呢？有很多种方法，其中之一就是制定并遵守一种规范。目的就是在交易时，摒弃心中的一切杂念。一位全职的股票交易者的日常规范如下：

- 醒来后打开彭博电台（Bloomberg radio）获取海外的及夜间的市场信息。

- 去健身房做运动以缓解身体上的压力。

- 在举重时收看 CNBC，获知白天的新闻内容。根据盈利报表或其他新闻考虑哪只股票具有上涨的潜力，并对全球前晚的交易和股指期货合约的发展趋势有着更深入的见解，将其作为股票市场开盘走向的预兆。
- 至少在开市前 1 小时抵达交易大厅，搜索网站的主要新闻，运行程序筛选当天要关注的股票。
- 审阅和更新关键领先指标。
- 用关键指标对比自己的关注列表中所有股票的技术信号。
- 分析新的股票代码，并将其添加到观察列表中。
- 准备一份当日的交易计划，包含要关注或交易的股票、买入或卖出点、风险回报比、止损水平、要追踪的关键指标、交易规模等。
- 避开其他事务，特别是人事接触，集中注意力做好交易！

历经多年与交易者共事，我观察到了狙击手与交易者之间的相似之处。例如，他们在战斗或交易开始前就开展了准备仪式或准备工作。例如，狙击手自灌木丛中返回营地的第一件事是清理他的武器，然后是他的装备，最后是他自己，这是他的优先次序。而资深的交易者也会以相似的步骤展开工作：他们更新交易日志、图表、技术指标，审阅所有的交易，形成损益表。随后，也只有那时他们才能够准备返回真实的世界。

狙击手和交易者也有其他相似之处。首先，狙击手有自己的助手，而交易者也有自己的导师。助手在丛林中的工作是观察狙击手的背面，这样狙击手才能专心于他的猎物，携带 M16 以提供额外的火力弹药，当狙击手休息的时候监视目标。交易者的助手就是他的导师。

狙击手的助手不会帮助狙击手射击，如同交易者的导师不会越俎代庖地帮助交易者交易一样。二者都有提供支持的作用，就像一名好的导师知道如何交易，一位好的狙击助手同时也是一位好的射击高手。

一位高水平的交易者对待交易的每一个细微之处如同狙击手对待他的工

作那样严谨。交易过程无须做出生与死的抉择，但交易者需对交易报以同样程度的注意力、凝聚力和热情。否则，交易者会被市场淘汰。

相对于市场本身，交易更需要做好精神上的准备。在一个活跃的市场中失去注意力会使你损失掉本金。当失去了足够多的本金，交易者将无可救药。草率的交易者的生命周期就如同草率的狙击手一样。我不想有意说得这样生硬，但你如果考虑做一名全职、专业或活跃的交易者，你需要知道该期待什么以及如何准备。我可不想看到有一天你冲进我的办公室向我哭诉，你损失掉了你孩子的大学学费。

准备，瞄准，开火

狙击手的主要武器可能是一架老式的温彻斯特70型狙击枪或是一架时兴的带双眼望远镜的凯芙拉M40。这些武器都不错。交易者的首选武器是技术分析。这对交易来说是唯一有效的分析类型。你或许会有疑问，基本面分析占什么地位？事实并非如此，基本面分析是投资者的领域，不是交易者的。如果你要选择一只股票放入你的长期投资组合中，你就要尽力将发行股票的那家上市公司的情况搞清楚。你必须要预测未来5 ~ 10年的盈利情况，研究这家公司的产品或服务的市场增长潜力，寻找这家公司潜在的竞争优势，了解这家公司的运营者以及他们的经营哲学。以上内容全部都是做出长期投资决策的关键，但它们对于交易者，特别是短期交易者来说一点都不重要。

让我来解释一下我所指的交易者，特别是短线交易者。一名有价证券交易者持有一项资产（股票、期货合约、期权、债券、货币等），其目的是一旦取得了盈利就会立刻将其抛售掉。交易者的目的在于低价买入高价卖出或是低价卖出高价买入（空头卖空），交易者并不在乎资产的长期发展前景，只在意当前的价格趋势。许多股票交易者只知道股票代码，他们甚至连公司名称都不知道，更别提这家上市公司所提供的产品或服务了。另外，一名好的投资者甚至需要对他所投资的上市公司的 CEO 每天的早餐吃什么都了如指掌。

如果你有投资的背景，当你面对不需要了解所要交易的资产，甚至不需要知道公司名称或这家公司在哪里发展壮大这样的事实时，你可能会感到非常不安。你可能会发现自己不自觉地登录 Company Stealth 这样的网站去了解你观察列表中的一些上市公司的基本面情况，这是很危险的一个错误，这相当于狙击手去见他所要猎杀目标的妻子和孩子。一个股票或商品的基本面信息会使我们对这项资产产生好感。正如我们所知，爱情是盲目的、情绪化的，它会蒙蔽我们的理性判断，导致我们错失目标。请在交易中摒弃爱慕和亲切感，你需要如狙击手般理智冷静。

不要被往期报表所影响，你要对股票或期货代码完全漠视，它们是没有生命的。然而交易者并不是黑暗冷血的动物，这样做的目的仅仅是因为如果你将交易标的物当作一个代码或符号，那么你的交易行为将更加理性。从我自身的经验来说，如果我从我的长期投资组合中选择一只股票进行交易，那么当需要立即止损时，我在情感上会难以接受。我最终会考虑所有好的基本面因素，比如盈利在持续，销售在增长，新的重要产品即将面世等。我太了解股票了，它就是想让你留住它以避免损失。

然而这是错误的想法。它会迷惑你。迷惑会导致犹豫不决，这会让交易者付出巨大的代价。当一笔交易已经违背了你的意愿并抵达了你的止损水平，你就需要立即准备抛售它，以免你把一条毒蛇当作荒野里的一根引火用的木头捡起来。一名好的交易者不会被情感所左右，影响自己扣动进入或退出交易的扳机。

现在我想讨论一下如何使你成为一名有原则的交易者。没有原则，交易者无法生存下去。在交易中坚持原则的最好的方式之一，就是使用技术分析。如果你成为一名短线交易的严格的技术分析师，你就能在市场中占据优势并存活下来，直到你真正懂得了如何交易。生存永远排在第一位，不要忘记这一点。如果忘记了，你就会变得自负而草率，你将会为这两种错误付出惨重的代价。

正是基于这一点，很多交易导师或引导者开始谈论学习喜爱损失。我讨厌我的每一次失败和损失，但我也尝试着从中吸取经验教训并努力不再重蹈覆辙。记住，每一笔只能有 5 种可能的结果。你可能大赚一笔，小赚一笔，盈亏平衡，小有损失或损失巨大。如果你能把最后一个消灭掉，或许你就能够存活下来直到你真正摸到了交易的门路，那通常需要 3 ~ 6 个月的时间，或是操作了 1000 笔的交易才能够实现。最重要的是，这也是唯——一种学习交易的方法，那就是在交易中实践。参加培训学校，在交易中需要使用的软件平台上勤奋练习，与资深导师多沟通，尽可能多地阅读，通过以上方式获取交易方面的牢固的背景知识是很重要的。但直到你使用真正的钱开始操作交易，你所接受的教育和训练才能真正开始发挥作用。纸上交易和计算机模拟交易是有帮助的，它教会你观察关于市场的一些趋势动向以及如何身体力行地操作交易。

不幸的是，你辛辛苦苦赚来的钱就这样被放在了刀刃上。想一想狙击手是如何学习射击的，他要做的事只有一件，那就是把时间花费在射击场上不断地进行瞄准目标的练习。这与瞄准一个完全没有注意到他存在的人并向其扣动扳机并不是一码事。一旦枪声被听到，每一个听力范围内的敌兵都会立即前去搜寻他的踪迹，这无疑增加了狙击手的压力。海军陆战队有很多优秀的射击手，但他们中很少有人能够成为狙击手。道理同样适用于交易者，练习与实战不可同日而语。

当你从防止巨大亏损的角度看待和比较基本面与技术分析时，你就会理解为何交易者需要依赖技术分析。例如，假如通过基本面分析得到的结论是，一只股票的价格是 40 美元 / 股或者一件商品的价格是 2 美元 / 单位是一个很好的买入机会，那么以此推论，当股票价格下跌至 20 美元 / 股或商品价格跌落至 1 美元 / 单位时，交易者获利的可能性就增加了一倍。而显然这是错误的，因为资产实体已经损失了一半的价值，表明这种分析方式可能是错的。如果一位技术型交易者遇到了同样的问题，只要趋势线被打破，他就会选择清仓止损或获取利润。又或者，他甚至可以开反向头寸，获得有利的空头优势。我的观点是，技术分析这种方法自身有自我纠错机制，这正是基本面分析所缺乏的。

技术分析的价值在于，它为你提供及时的反馈，这比基本面分析更加善于自我修正。确实基本面交易者可以使用止损指令防止发生大额亏损，但重新定位需要时间。使用基本面分析，事实通常会在市场中缓慢呈现出来，或者当市场影响已经出现时，人们才能够察觉出来。即便基本面信息已经完全呈现，比如巴西或科特迪瓦分别宣布暂停对咖啡或可可的销售，或者通用电器发布了一个业绩预警，这通常需要花费时间来确定这些消息所产生的影响。所有的供需数据需要重新计算，并且需要评估暂停销售可能持续的时间以及生产者和消费者会做何反应。换言之，基本面交易者知道分析已经改变，但并不确切地知道下一步该怎么做。当他继续进行分析时，市场已经反应过火了。

操作过交易的人都知道，市场经常会波动、反应、反应过度。当消息已经发布出来，没有人能够确切地知道这个消息对于市场来说是积极的还是消极的，甚至不确定这个消息是不是真的。然而，持仓的人们必须做出反应。一旦迟疑，他们就会被清理出局。一旦他们吸收了这个信息，他们可能会改变心意并重新进入市场。这将导致市场波动，波动是交易者最好的朋友，因为它也暗示着机会的到来。失业人数就是一个很好的例子，当失业人数信息第一次被发布出来时，市场立刻就有了向上或向下的价格波动。半小时内，交易大厅消化了这些数据，看看上个月的数据是如何被调整的。基于这一点，市场又是一轮新的波动，通常会与第一次的波动趋势相反。

图表能够帮助使用技术分析的交易者在不稳定的市场中认清方向找准位置，因为图表体现了任意交易时段的全部公共的和个人的交易信息，图表中的图形走势代表了真实的交易活动。这对于期货交易市场尤其适用，因为期货市场没有内幕交易的概念。而在股票交易市场，一些人或机构掌握的信息会比其他人或机构多一些。例如，一个大型机构知道在未来几周内需要卖掉 IMB 的 500 万股以履行之前的承诺。这次抛售可能会对股票的价格产生负面影响。机构可能会采取一些保护性的措施，但其他人不会。另一个例子是，一名做市商出价购买 1000 股英特尔的股份，但交易者需要操作多少股交易才能够完成交易中的所有订单？ 10 000 股、20 000 股、50 000 股、还是更多？ 订单的规模影响着股价，但这些只有做市商知道。

基本面交易者亏损的原因是，一些影响着价格走势的信息通常是不为人所知的。而技术型交易者只根据市场走势进行交易。他并不知道任何关于驱使市场行情走高、走低或横盘的线索，唯有通过使用技术分析，他仍然可以继续交易。严谨的基本面交易者只得按兵不动或退出市场一段时间，等到市场前景明朗再有所行动。这种延迟会导致错失盈利的良机。

以上观点并不是说其中一种交易者的表现要优于其他人。有时基本面交易者会捕捉到长线波动的商机并以此获得巨大的盈利，而技术型交易者会在出现正常的价格回调时退市，仅仅是因为股票或商品开始了长期波动。一般情况下，这还是要依赖个人投资者的技术和所使用工具的质量。但是一名交易者，特别是短线交易者，无法在尘埃落定时选择袖手旁观。活跃的短线交易者依赖的是技术交易，因为它通常能够持续提供交易信号。关于交易信号的准确性和可靠程度，我稍后会进行讨论。

同样地，所有的技术交易系统为交易者提供交易信号，以防止出现巨额亏损。并且，它们会在每一个交易时段提供及时的、持续的交易信号。而基本面分析系统并不会提供适当的止损保护措施，也不会提供持续的交易信号。这就是二者之间的区别，一个面向交易者，另一个面向投资者。

当我向新入市的交易者谈及这个观点时，他们总会变得非常沮丧，因为在他们的印象里，技术分析极其复杂，需要经年累月的研究才能够完全掌握它。例如，www.echarts.com 列示了 100 个技术研究案例，它可以被技术型交易者用来预测价格的走向及趋势。这个网站对于我们了解整体情况具有研究价值。技术分析也像是黑魔法和占卜术。一个人如何能够看一眼价格图表就预测出一只股票或一件商品未来的价格走势呢？

基本面分析更容易理解。当供给增加而需求不变时，价格会走低。如果需求增加而供给不变，价格就会走高。这两条相反的规则相辅相成。因为需求减少，价格就会降低，供给减少会导致价格升高。当供给与需求同时改变，价格变动更加迅速。如果需求降低而供给增加，价格会飞速直降。而当供给降低需求增加，价格就会飞涨。如果供需平衡，则价格保持稳定。有什么道理能比它更简单易懂吗？现在你已经知晓了所有的事实真相，我们可以建立起一个准确的供需模型，但模型的关键要素在变化前是不会给出任何提示或警告的。届时模型必须重建，这会非常费时，而活跃的交易者通常没有这个时间。

因此，在我看来，真正的交易者必须使用技术分析。另外，技术分析并不像很多专家所认为的那样复杂深奥、晦涩难懂。仔细研究后你就会发现，技术分析其实和基本面分析一样简单易懂。价格变动在价格图表上可以被图形化，或用指数、带状、比率、震荡、角度、趋势线表示出来。或者一些技术分析研究无非是体现了实体交易中，市场上大多数人的心理状态。一些交易实体（如股票），在技术上来说是永恒存在的，这就意味着它们在一个不确定的期限内会一直存在。其他的交易实体（如期货或期权），它们有着特定的预期寿命。

当你考虑到这样一个事实，即无论何时价格只会朝着 3 个方向发展，整个技术分析的概念就变得更加简单易懂了。它们可能上涨、下跌或横盘。带着这样的想法理解现实，导致价格上涨、下跌或横盘的潜在因素是那些交易者的态度。你可以得出这样的结论：积极的交易是上涨趋势，消极的交易是下跌趋势，不确定的交易就是横盘。

明确市场情绪，然后成功交易

技术分析的基本构建模块就是价格图表，它是对任意交易实体的历史价格的图形化表达。图表的类型有很多（柱状图、线状图、百分比图、K线图），都可以用来描绘交易实体在所有时间框架内的交易活动。长线投资者研究的交易图表时间横亘数年甚至数十年，而日内交易者关注的是从开盘到收盘的分时图。

本书是关于交易的，因此我要花时间为你呈现详细的技术分析的背景信息，如果你掌握了我在此教授的内容，你便可以去真正交易了。警告：正如我之前所提到的，你只能通过实际操作来学习交易。做好会亏损的准备，因为这就是交易的本质，做好会犯愚蠢的错误的准备，做好会陷入困局的准备。庆幸自己是一名交易者而不是狙击手吧，然而你仍会像狙击手一样敏感多疑，并且是以生存为导向的。

今天就是你利用技术分析，成为一名活跃的短线交易者的开始。

- 评估市场的整体情绪状态。
- 寻找并选定要交易的股票。
- 计算风险回报率（做好资金管理）。
- 进入并退出交易。
- 评价你的表现。

在我们开始学习如何使用技术分析之前，我只是想提醒你，远在你真正开始交易之前，你必须制订交易计划，最好是以书面的形式。我会在后面的章节里进行讨论。

这一章要处理的是交易准备，而在不知道如何使用技术分析的情况下你是无从做好准备的。学习、领会接下来的内容，你便能够开始成为一名成功的交易者。

根据你在图表上观察到的信息来交易

思考一下你如何在以下市场中交易。道琼斯指数和纳斯达克指数已经呈现疲态，随后一些糟糕的新闻冲击着市场，两大指数集体跳水。经过几天下跌，指数呈现出趋于稳定的迹象，市场交易处于堵塞的阶段。基本上，它们在一个很小的范围内（对于纳斯达克来说是 100 个点的范围）波动。

市场交易横盘，到处充斥着负面的新闻和财务报表。微软全国广播公司裁员报告显示超过 10 万名员工下岗，使得今年的失业人数总量超过了 100 万。航空业乞求国会实施财务援助，因为航空旅行业务几近停滞。由于多米诺骨牌效应，几家大型的旅游度假村将歇业，一些大公司在几周内将申请破产，拉斯维加斯更像是一座鬼城。随着第一波负面消息刚刚被消化，各大电视、网络公司的总部和国会又发布了生化武器袭击的新闻。致死性传染病爆发并蔓延到了邮政系统，数吨邮件被滞留并等待接受检疫。

我们经济的巨大引擎——零售业客户，被吓得目瞪口呆，零售业销售额下降了 2.4%，圣诞购物季如遇寒冬。如果这还不够，总统宣布战争爆发，美国开始向第三世界国家投放炸弹，对另一起越南战争的恐惧蔓延开来。战争的经费以每日数百万美元计算。

投资者有选择权，交易者有观察力

作为交易者，你会怎么做？你还准备每天进入市场吗？一般的想法是：卖空，全部、立刻卖空！当然，这是错的，因为纳斯达克和道琼斯指数在接下来的几周内上扬了。我有一个朋友，这段时间每天给我打电话。他不断地问我："为什么市场会上扬？不应该这样啊！美联储刚刚第九次宣布降息，经济从未这样颓败过，失业率还在节节攀升，盈利报告持续走低。但为什么市场仍然上扬？为什么？这到底是为什么？"

针对上述问题，分析者通常会给出一些有创造性的答案。例如，对冲基金在过去两个月内卖空，现在正在增加头寸。或者共同基金经理人，因为大多数人不能空头，于是近一个月内他们的办公室里存放了大笔的资金，他们必须用这笔钱做一些事情。事实上，没有人知道确切的真相，然而市场确实在走高，并且市场永远是正确的。

我的观点是，如果你计划成为一名交易者，你必须从市场中，也只能从市场中捕捉线索。在文学作品中，这常常被称作"姑且信之"。⊖例如在戏剧中，你知道戏里的事件并非真实的，但它确实对情节的发展有着推波助澜的作用。你会选择忽视这种虚构，因为戏剧表演是如此的令人信服。你必须准备好以同样的态度面对市场。在这种情况下，市场是在公然挑衅客观事实。上述事件自然指的是在 2001 年 9 月 11 日发生的世界贸易中心恐怖袭击事件。在那之后，股市休市了 4 天，全球的交易市场反应消极，股价陡然下降。当纽约证券交易所于 9 月 17 日重新开盘之时，道琼斯工业平均指数以自由落体的态势下跌到 684.81 点。它在初始时还在一路走跌，而后开始反弹，这背离了所有人的预期。

我的观点是，并且要着重强调的是，只根据你从价格图表上观察到的信息来交易。作为一名活跃的交易者，只有当你接触到活生生的价格时再去交易。你不能平仓然后远离市场，再称自己为交易者。你是一个长线投资者、一个赌徒、一个傻瓜，但唯独不是交易者。一名交易者可以持仓过夜，中线交易者甚至可以持有数日或数周。但只要你持仓，就必须置身于市场中，把自己当作一名活跃的交易者。

许多活跃的交易者操作了很多日内交易。他们在一个交易时段内买进又卖出。一些交易实体，例如债券合约可能有一个白天的交易时段和一个夜晚的交易时段，它们分别被当作两个不同的交易时段。或者对于股票，你

⊖ willing suspension of disbelief，英国批评家柯尔律治（1772—1834）用语，是指戏剧观众或读者明知戏里的事件并非真实，却决定暂时搁置不信的态度，甘愿被舞台上的"虚构情节"牵着走；或是静观其变，保持一种"美感距离"，半客观地进行欣赏。

可以选择在正常的交易时段之前或之后进行交易。如果你选择在市场开盘前进入并在常规的交易时间平仓，这就是一个日内交易。如果你在常规的交易时间建仓却未平仓，这是不是一个日内交易则取决于你所在清算公司的股票经纪人所使用的截止时间。所有这些会影响到你第二天的购买力，因此你需要密切地监控它。

如果一笔交易正在盈利，交易者持仓通常会超过一个交易时段。但交易者务必在每一个交易时段盯紧这笔头寸，亦如狙击手缓慢接近猎物时给予的那般密切的关注。当头寸接近盈利目标或者止损价格时，如果市场没有准备就绪，就会发出平仓指令。

只有一种方法使你能够有逻辑地追踪你的交易头寸，那便是技术分析。此处的关键词是：有逻辑地。我的意思是合理地、非个人角度地、非情绪化地，如果你能够做到的话甚至可以是冷酷无情地。唯有技术分析能够为你呈现简单的、黑白分明的事实。它会准确地指引你何时入市、何时退市。

但它会一直正确吗？当然不是，那又怎样。交易必须是一项精确的活动，这也是我将它与狙击行为进行比较的原因。你必须有方法，跳入交易，迅速抛售，使自己免于巨额亏损，并且冷静地获利。基本面分析，作为投资者我深深地喜爱着它，而这种方法对于一名活跃的交易者是毫无用处的。交易者获取利润，投资者创造财富，此二者是截然不同的人生追求。混淆了二者的区别就如同我们的狙击手朋友单枪匹马地闯入了敌营一样。狙击手的作战策略是一次只选择一名敌兵做目标并缓慢地接近它。狙击手深深地隐藏于山林峡谷间，在同一位置出其不意地只做一次出击。交易者的交易行为有着同样隐蔽的方式，他们只有在有明确优势或目标时才进入或退出市场。

技术分析为你提供这种优势。但也正如狙击手不会每次命中目标一样，交易者亏损的概率更大一些。但是通过使用技术分析所提供的止损操作，交易者也是不会被轻易击败的。

基于这一点，我经常被问到关于技术分析如此有效，有没有什么合理的解释。针对这种问题，我通常从两个方面回答。首先，它是存在合理解释的。其次，如果你有此疑问，说明你可能还没有真正搞清楚这个整体概念。

作为人类，我个人是非常喜欢合理的、有原因、有影响的事情，这样便于我能够理解它。因此，技术分析能够起作用也正是因为它是能够准确丈量市场观点的唯一方法。如果对同样的股票买入 10 股卖出 15 股，卖出多于买入，股价就会下跌。如果买入多于卖出，股价则会上升。在第一种情形下，供给（被卖出的股份流入市场）增加。而供给的增加会导致价格的下降，其他一切保持不变。在第二种情形下，需求增加导致价格上涨，这使所有一切达到平衡。

这些供需规则适用于股市，因为市场的浮动、市场中的股票份额在任何时候都趋向于保持不变。供给增加的意外是新的或是次一级的问题，当一家公司购买了自己的股票，国债的发行、股票期权计划以及供给的减少都会使其退出流通。但一般来说，这些都是很少见的情况，并且美国证券交易委员会的规定会对它进行很好的宣传。而其他一些可交易的实体（如商品），其供需平衡的信息会变得更加难以归集、计算和评估。供给如同气候变化一般，会难以预测地上升或下降。当新技术或新产品出现时，需求模式常常会变化。甚至时尚的改变也会影响需求。期货和期权合约，如同股票一样，会被政策和突发新闻所深深地影响。

我的观点是，有很多基本的情况可以开启或者扭转一个牛市或熊市的走势，因此对于你而言要理所当然地采用一个系统将所有事情统筹考虑。这个系统就是技术分析。每一个实体或个人在市场交易中所持重要观点的影响，都能够被技术分析精准测量。

技术分析的反对者会说，在此刻，当你见到它对市场的影响时，这已成为历史。这种答案是使用基本面分析去形成供给与需求量化的方法。这会促使他们在未来的某个时间预测价格。我在一定程度上接受它。分析某些长期趋势似乎是可行的，如人口趋势。使用这种方法的前提是，投资者可以选择那些从长期趋势中受益的个人公司进行投资并长期持有，只要这些公司被妥善经营、财务状况良好即可。但对于短期交易时限的交易，我不同意这样做。再次强调，不可混淆投资与交易。

至于技术分析，它分析的是历史数据，无论它分析的是几秒钟的、几分钟的、几天的、几周的还是几个月的，我仍然喜欢它。历史是真实发生过的，预测是想象中的。我根据历史数据做出交易行为，却只能幻想未来。

如果你碰巧成为接受了我观点的人中的一个，即无须多言技术分析是起作用的，你就已经具备了成为超级交易者的素质。这就是我所说的，如果你由此疑问，你就没有领悟它的要点的含义。一些最具竞争力的交易者正是无条件地学习并服从了这个规则。如果一个趋势被打破，他们是要退出还是扭转他们的交易，这要取决于现实情况。对于他们而言，遵守规则是第二天性。思考与分析的时间应该在交易时段之外。对于一名交易者，依据市场行为操作交易指令是交易中唯一适合的行为。这种一心一意地专注于从市场上汲取它所给予你的，当市场告诉你错了时进行自我保护的态度，正是将专业人士与业余人士区分开来的品质。

为了让股价变动所带来的历史痕迹为你所用，你需要利用一些工具。最基本、最有价值的技术分析工具是价格图表，价格图表对于交易者的作用相当于等高线地图对于狙击手的作用。正如我之前提过的，我无法提供针对技术分析的深度解析，但是我将会去讨论我最为看重的交易工具。通过交易实操掌握这项工具，你将会在市场上占有优势地位。

四种类型的图表在今天被广泛使用，它们分别是折线图、百分比图、柱状图和K线图。最简单的当属折线图，它连接了最接近每个交易时段的不同的价格点，成为一条线。百分比图是折线图的一种变化形式，它也是一种折线图，但被连接起来的点代表的是从基准日起价格变化的比例。例如，在一张月度的百分比图上，第一个交易日应该是基准日或是零，此后的每一个点都是百分比，相较于基准点或上或下。

对于大部分的技术人员来说，柱状图是最基础的工具。纵轴代表价格，横轴代表时间。成交量位于图表的柱状下方。图表可以用来表示任意时间长度，从几分钟到数十年。对于技术研究来说，柱状图非常常见，如变动均值。

活跃的交易者最普遍使用的图表类型是柱状图和 K 线图。柱状图用垂直线标记每一个交易区间（见图 3-1）。线段的最高点是区间的最高价格，最低点是最低价格，线段的长度表明了区间的交易范围。一小段水平线从直线右端延伸出来并与之垂直，这表示该区间的最新价格，或称收盘价。我们在此使用区间而非一个具体的时点，是为了表明这段时间架构可以是从一分钟到一个月。交易者根据需要的市场场景，使用电脑程序设定区间范围。例如，日内交易者对以小时为周期的周图表感兴趣，它可以与以 1 分钟为周期的最新的日图表进行比较。而投资者可以研究以月为周期的一年期图表。

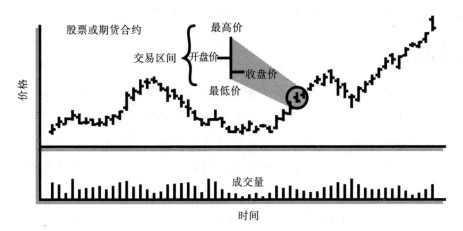

图 3-1 基本股票或期货价格柱状图

K 线图又称蜡烛图，起源于 7 世纪中期的日本大阪 Yodoya 大米交易所，那时大阪有着非常活跃的大米交易。我记得美国是在 20 世纪 70 年代早期，由期货交易者第一次广泛使用 K 线图。自此以后，K 线图开始变得流行开来。与柱状图一样，K 线图的纵坐标也用来表示交易区间的高点和低点。正是高点和低点的标注方式使 K 线图区别于柱状图。开盘价与收盘价之间的距离构成了一个长方形，其形状类似于一根蜡烛。蜡烛的灯芯延伸出蜡烛的顶端，代表一天中的最高价格，在蜡烛底部之下则代表一天中的最低价格。这便是一天的交易区间。区分一天之中收盘价高于开盘价，要看蜡烛的主体是彩色的还是黑白的。如果在电脑显示屏上面收盘价高于开盘价，蜡烛通常被标注为绿色；如果收盘价低于开盘价，则蜡烛是红色的⊖。当图表被标注为黑白色，收盘价高于开盘价，上涨的烛心是空心的，下跌的烛心是实心的。

很多交易者更喜欢 K 线图，因为他们能够从中看到每个交易区间开盘价与收盘价之间的关系。正区间或负区间都会在交易者的眼前浮现。经典的西方技术分析密切关注一个个交易时段，以判断其动量是积极的还是消极的。东方的思想流派则倾向于评估每一个交易时段的开盘与收盘。如果它是红色的，则动量向下；如果它是绿色的，则动量向上。几个世纪以来，分析者已经为每种蜡烛形态赋予了特别的诠释或交易信号。

盈利即真理

哪一种交易者是正确的？是那些跟随西方流派的还是支持东方流派的？答案是都不是，这也是你必须做好准备接受的最艰难的交易定律之一。没有人能够预测未来，无论人们有多想要量化交易，他们都不会成功。这对于基本面分析者与技术专家同样适用。例如，计量经济学模型曾经准确预测实体商品的供给和需求，像玉米、小麦、大豆等，这在机构交易者当中风靡一时。然而，有数千个因素影响着供给（气候、历史产量、库存供给等）与需求（习惯趋势、消费者人口模式等）。老式的计算机终日处理着这庞大的数据信息，为下一个 10 年计算出每一年的预计产量与预估价格。在

⊖ 此处为欧美股票及外汇市场的标注习惯，我国的与此刚好相反。——编者注

大多数情况下，计算结果仅仅是粗略的估计，随着时间的推移越到未来越显得不可靠。不确定的因素太多，像是气候条件；不可靠的信息太多，像是竞争国家提供的虚假信息。

技术分析面临着同样的情况。在技术分析的一些观点看来，科学止步不前、艺术得以发展。任何人都能够从图表中看出一个上升趋势，特别是那种会持续相当长的一段时间的上升趋势。诀窍在于能否看出趋势何时能够反转。经验、教育背景和规则将胜出者从失败者中区别出来。

而在经验、教育背景和规则这3条特性中，最后一条是最为重要的。技术分析最强大的功能在于它通常能够使你免于被淘汰出局的危险，但这种特性也可能会使你过早地离开交易，你因此而举棋不定。这种情况发生在止损设置过于接近市场的时候。对于多头头寸，价格回调使你离开了市场，而之后它们便如火箭般地上升，你因此而错过了一次大的盈利机会。

时刻做好准备吧，接受这个事实。不要因此而修改或削弱你的规则，继续使用止损机制，将它们摆放在最接近市场的地方，如果那个地方是正确选择的话。记住市场很容易陷入低谷。期货交易者需格外小心，因为期货市场不受约束，可以随意上下波动。如果不使用止损机制，你将使自己陷入不可挽回损失的危险境地。求生的欲望必须牢记于心。如果你错失了一个机会，耐心一些，下一次机会就在转角处等你。

到底是选择K线图还是柱状图要看个人的选择，在大多数情况下，它取决于教你如何交易的那个人的喜好，或是你所参加的教育机构的选择（如果你选择在交易学校里进行学习的话）。选择一所好的学校是做好准备的不错的方式，它可以大幅减少你在学习道路上可能会走的弯路，从而减少交易中的损失。然而，你只能通过实际交易去学习交易。不拿出真正的资本进行交易运作，你就无法获得成功交易所需要的洞察力。

现在，让我们回到图表上面。通过研究一个图表，你能学到什么？把它当作买家与卖家间的拔河比赛——贪婪与恐惧，需求与供给。卖家想贪婪地得到更多的股票、期货、期权合约，以期待将来的价格能够越来越高。而治愈高价最好的办法是更高的价格。上涨的价格导致供给的增加，而更多的供给引发人们对价格下行的恐惧，此时买家就会迫不及待地想要抛售。当供给与需求平衡时，价格将趋于稳定。

图表分析专家在泛滥的图表中寻找着线索，以期预测目前的趋势——上升、下降或横盘，是否会继续下，包括如果情况会持续，能够持续多长时间；如果不可持续，什么时候趋势会改变。此时，交易者需要一些额外的数据，如同狙击手要考虑风向条件。在 500 码的射程内，当风力达到 5 英里 / 小时时，子弹射中目标的风力偏差会有多大？风力偏差在这里指的是交易量。

交易量是指一个单位时间内的交易笔数。越过多数柱状图或 K 线图的底部，每一个柱体或蜡烛的下面的垂直线代表了图表中这段交易时间内的交易量。如果图表中的交易区间是 10 分钟，那么它表示的就是 10 分钟内发生的交易量。交易量越高，图表中给出的交易信号就越重要、越可靠。较低的交易量也能够提供交易信息，但它需要以不同的方式进行解读。

例如，股价在一天之内创造了历史新高或是从低谷中攀升到了一个新高点。如果高股价伴随着高交易量，那么这将增强这只股票会继续上涨的分析论断。这里的高交易量，假定为高出正常交易量的 20%。如果交易量高出了正常交易量的 100%，那么意味着一些积极的事情发生了以吸引更多的买家。但是，这也正是图表的艺术性之所在，过度的交易量也会成为价格即将下跌的信号——所有的多头将要同时退出市场。如果一只股票的成交量回到了低位，多头方是不会像股价在高成交量下跌时那样惊慌的。在此情况下，低成交量可能代表着盈利机会的到来，而不是代表整个趋势的彻底反转。

对于上述情况，我想再补充一个概念——均线。其实它已经出现一段时间了。这个概念是由理查德·唐奇安（Richard Donchian）发明的，用来管理期货账户，自 1930 年起均线就被作为首要的决策制定机制。唐奇安管理的基金非常成功，他以"管理期货业之父"和"趋势跟踪交易系统之父"闻名于业内。具有讽刺意味的是，他为一家华尔街的公司开发了股票交易系统。

使用趋势跟踪交易系统的妙处在于，它简单易学。它不是一个晦涩难懂的黑箱系统。如果严格按照规则操作系统，它会为你带来收益。然而，这也依靠一些技能和直觉。例如，在职业交易者当中存在一个很大的争议，即到底应该使用哪一种均线以及是否应该依据市场条件调整所使用的均线。在快速变化、反复无常的市场或交易主体（技术股票、债券期货等）中，或在冷清的与活跃的市场（意味着交易不频繁、成交量很低的股票或商品，对比高成交量的股票或商品）中，是不是存在一些均线比其他的好用的情况？这一类问题的答案只能从经验中得来，你永远无法在没有交易的情况下学习交易。

一个简单的均线结构很容易理解，下面列举了一个 10 日均线是如何计算出来的：

1. 选择一个起始日期，并选择第一个 10 天的价格。
2. 将这些价格进行加总。
3. 将总和除以 10。
4. 减去首日的价格，再加上第 11 天的价格。
5. 将新的总和除以 10。
6. 然后减去第 2 天的价格，再加上第 12 天的价格。
7. 将新的总和除以 10。
8. 每一天重复以上的计算。

在以上的计算公式中所使用的价格通常是一天的收盘价。但是针对一些特别的分析，使用开盘价、最高价或最低价也是令人信服的。日内交易者使用的是盘中价格和时间周期很短的均线。通常使用的均线有 10 日、20 日、50 日、100 日和 200 日均线。期货交易者则惯常使用 4 日、9 日、18 日均线。长期投资者则把主要精力放在对 200 日均线的把控上面（支持或反对取决于股价处于何处）。

还有一种为我们所知的加权指数均线。有分析者指出，所有的价格不应该只存在一种表达方式。分析者可能判断，当前价格比历史价格更具有对趋势的代表性。因此，在一个以 5 为区间（代表着分钟、日、周、月等）的均线中，分析者会以 5 为权重给出最新的价格，前一日的价格权重为 4，其次是 3，然后是 2，再然后是 1。这是想说明，加权均线警示分析者趋势将很快改变。

所有投资范围内的交易者都使用均线。长期交易者或投资者常常非常依赖 200 日均线，它代表了几乎一年的交易活动，因此被认为是很有说服力的一种均线。如果一只股票或指数交易在 200 日均线以下，分析者会寻找买家进入市场支持该交易实体的价格。如果价格仍然不能保持在均线之上，分析者就会对该股持看空观点。

作为一名交易者，你可以使用均线看清你所交易的股票或期货合约的未来趋势。在早些时候我提到过，技术分析对基本面分析提出的批判之一就是，基本面分析无法自我纠错。这正是技术分析的优势所在。但技术分析能够自我纠错的情形发生在趋势被破坏或者均线改变方向的时刻。我将在后面的章节中做更为具体的讨论，但此处让我们引入一条规则作为本章的结尾。

永远不要向突然出现的水牛射击

当海军陆战队、侦察兵和狙击手聚在一起讲故事时，总有一个故事被经久不衰地传颂，说的是一名狙击手在 1000 码的距离射杀了一头水牛。讲故事的人试图告诉他的战友，他的那位朋友的枪法有多么神准，然而第一个说谎的人永远不会在牛市中获利。但你要从这个故事中捕捉到这样的信息，狙击手是出于无聊才开枪的。狙击手隐蔽在丛林中长达数小时，就为了等待一个目标。不知名的生物叮咬着他，刺痛着他，无休止地折磨着他，他却没有目标可以射击。随后一头可怜的老水牛缓慢地走入他的射击视野内，却超出了他的射程范围。关于如何射杀它的念头在狙击手的脑中不断盘旋。空气阻力有多大？仰角是多少？这个距离他能够射中目标吗？管它呢，他射击了。但是他也因此暴露了自己的位置，因为这个毫无任何价值的目标。这种行为明智吗？

交易者也会感到不耐烦，出于无聊而交易，真是愚蠢的行为。当你看不到任何盈利机会的时候，请学会安静地离开市场。

| 第四章 |

市场供需准则

一名交易者必须完全理解和领会的一条最基本、最重要的概念是供需准则。虽然供需准则由基本面分析得来，但作为一名交易者，你必须深刻地理解它，以及它对价格趋势和支持阻力水平的影响。迄今为止，我也只是触及到了供需准则的整体概念，因为它在股票、期货和期权这些不同的交易主体中的概念完全不同，我会针对每一个领域分别进行讨论。

首先让我做一个大致的介绍。在交易过程中，让我们站在买家与卖家的角度考虑供需。如果你参观一个农贸市场，发现整条街的商铺都整齐地摆满了西红柿，你会做何感想？到处都是西红柿，甚至当你到达了城镇，沿街也摆满了打折促销的西红柿。当你到达主干道，供货商不时地过来向你兜售西红柿，你越往里走，发现西红柿的价格越低。你环顾四周，发现自己是这个市场里为数不多的想买西红柿的人之一。

当你买到了足够所需的西红柿时，你漫步到下一个村子打算买一些土豆。但土豆的供应是紧俏的，农民没有那么积极地想要卖掉他们的土豆。如果你能够做到的话，你必须穿过拥挤的人群，以高于其他买家的出价购买到你所需要的土豆。

从以上两个场景，我们很容易推论出供需的基本准则。

1.卖方数量增加，价格下跌。

2.买方数量增加，价格上涨。

3.卖方数量减少，价格上涨。

4.买方数量减少，价格下跌。

在这里，我只是将买方比作需求，卖方比作供给，因为那才是我们作为交易者通常看待市场的方式。在大多数情况下，我们用代码而非真实实体来表示交易的股票和期货合约（以真正的商品对冲除外）。这样来来回回的交易合约更为客观，这一点非常重要。

然而，这些规则都有在身体上的和情感上的限制，如有弹性和非弹性的概念。如果价格的改变会使人们对一件商品的购买行为或需求增加或减少，那么我们可以说这件商品是有需求弹性的。交易者决定了交易主体的价格是非常低还是非常高昂。当价格的变化能够引起需求或购买人数的改变时，这个供给也可以被称作有弹性的。当价格变化对供给或需求、卖家或买家的数量没有影响时，供给与需求就是非弹性的。

像玉米、大豆、小麦这些谷物，是被归类为弹性商品的经典案例。谷物的生产过剩会导致价格下跌，以及牲畜饲养者对谷物使用量的提高。在供给过剩的情况下，牲畜饲养者通常会增加牲畜饲养数量。当可可的价格一路飙升时，市场反应则刚好相反。巧克力爱好者会倾其所有获得可可订单，而咖啡却是个例外，当可可供应充足时，咖啡的价格会下跌、供应受限则价格迅速提升。在大多数时候，股票也是有弹性的，如果市盈率太高，交易者会卖出；市盈率太低，交易者会买入。但情况也不总是这样，当一个产业板块炙手可热时，价格就会飙升（不管其财务的逻辑是否合理）。在网络公司发展的鼎盛时期，我们已经见识过这一点了。没有任何收益甚至没有盈利前景的股票，其股价曾达到空前的高度。你是否曾以每股200美元、

300 美元或 400 美元的价格买进过亚马逊的股票？同样的情况也会发生在商品交易上。当银价达到每盎司 50 美元，金价达到每盎司 800 美元，大豆达到每蒲式耳 14 美元时，你是否买卖过它们？一些人确实在此价位交易过。最终，市场会达成共识，价格会回归正常。

现在，让我们进入股票市场进行深入的学习。当我们提到二级市场上的股票供给时，我们实际上谈论的是流通股。流通股，顾名思义是任何一家公司公开发行交易的股票总和，它并不包含董事会认购的股份，也不包括公司回购的股票债券。作为一名交易者，你只能关注到你所交易的市场中正在流通的股票。

作为一名长期持有股份的投资者，你可以关注上市公司可能增发新股的计划，比如发放给员工的期权在未来可能转化为新的股份。作为一名交易者，如果有任何谣言或新闻说你所交易的股票的公司即将发行新股、回购股份或者拆分股份，你必须做好准备应对股份供给的变化，或利用它们作为交易策略的依据。

无论发行新股，还是释放库存股份，都是公司增加流通股，即增加供给的手段。一般性的规则是，这会稀释每股价格。如果公司通过回购自己发行的股票减少了供给以履行责任，例如要满足激励员工股票期权的需求，此时股价通常会上升。当供给与需求达到平衡时，股价趋于稳定，价格交易区间会变得狭窄。但这是极少数的情况，对市场的影响通常是短暂的。

股票拆分通常是这一规则的例外情况。当股票被拆分后，价格就会相应做出调整。上市公司的市值保持不变。例如，将一份每股 50 美元的股票拆分为二，拆分后的股份数量加倍而股价变为每股 25 美元，这样总市值保持不变。股票被拆分后，价格会上涨，因为公众会将其视为非常积极的消息。如果这家公司有很好的盈利能力，股价会上涨得更高。股价的上涨是由于价格本身低，而不是因为拆分，价格的调整使得供给在根本上没有发生变化。

记住，迄今为止，我们只是在孤立地看待一个因素，如供给或需求，然而这并不是真实世界里的运行规则。更普遍的情况是，影响供给或需求的矛盾事件同时存在。交易者必须能够辨识出哪一种或哪几种因素是起主导作用的，然后判断价格会走高还是会走低。如果你是一个短线交易者，你可能只有几秒或几分钟的时间做出可能导致大额亏损或盈利的决策。

由于缺乏分析判断的时间，当出现对市场趋势有积极或消极影响的新闻事件时，市场会条件反射般地做出反应。"一迟疑，就出局！"这解释了人们对普遍的但出乎其意料的消息的反应。例如，零售业数据被公布，但超出了华尔街的预期，市场会随之变化。一旦所有数据被公之于众、分析透彻，交易者就有机会去消化它。随后，如果他们判断这些数据是有着利好影响的，道琼斯工业指数和纳斯达克指数随后就会升高。这是常规的商业运作模式，但如果你没有做好准备，可能会损失惨重。

这里有一些规则可以帮到你，无论你交易的时间范围是多久。例如，长线投资者会关注 1 ~ 5 年的价格图表，以观察当买家和卖家人数变化时股价到底如何反应。最常规的操作是绘制一些长期趋势图。看看在过去有没有发生过股票一反常态创造相反新趋势的情况？此外，你必须根据主要市场指数和分类指数的研究比较个股的价格行为。例如，埃克森—美孚的一只股票需要与道琼斯工业指数和石油板块的指数做比较。思科的股票需要与纳斯达克和科技类板块的指数进行比较评估。

趋势是你的朋友

投资界的古老规则指引着长线投资者。只要趋势一路上扬（在股票分割调整后），投资者就可以坐享其成。但如果长期趋势已经被洞悉了呢？投资者（非交易者）将如何行动？这是太多的投资者出现严重问题的原因。他们事先没有构想行动计划，这会让他们付出高昂的代价。投资者，就像交易者一样，必须按照行动计划以及一定的规则进行投资。他们只是持有股票吗？如果股票长期趋势上涨了10% ~ 20%，他们会不会清算股票、重估基本面，等到上涨趋势重建后再买入呢？或者他们就这样一直持有下去？他们会购买股票出售权或出售看涨期权进行套期保值吗？我们另找时间在其他书中讨论这些问题吧。

我在这里所关心的是那些活跃的短线交易者，他们如何判断供给与需求呢？短期的趋势是如何被发现和追踪的呢？极短期的交易者或日内交易者、中线交易者，他们持仓仅持续几个小时或几天，相对于长线投资者，他们要遵守一套不同的交易规则。

判断股票趋势的一个关键因素是学习如何识别股票处于哪一个阶段（请参考第六章图6-1）。四个不同的阶段反映了股价变动的3个可能的方向。股票价格可能上涨，这被称作看涨趋势（第三阶段）。如果趋势上扬，你能够看到更高的高点和低点，相反的方向也是一种可能。股票价格可能下跌，意味着更低的高点和低点（第一阶段），这是看跌趋势。如果股价既未走高也未走低，而是横盘，通常在一个狭窄的区间内波动。如果交易主体在其交易区间的底部横盘，这被称作筑底（第二阶段）。如果它在交易区间的顶部移动，价格就到顶了（第四阶段）。如果趋势停滞在中间地带，我们称之为整理阶段。如果整理阶段阻止住了交易主体的走低趋势，这就是支撑。如果整理阶段阻碍了交易主体的走高趋势，这就是阻力。

当股票处于筑底阶段时，投资者在不推动股价上涨的情况下增持股份。当卖家数量（由股份数量计算得来）约等于买家数量时，供需就达到了平衡的状态。筑底态势形成后便跟随着股价下跌。在一定的价格点，买家进入市场，他们讲："在这个价位是可以买入的"，或者是考虑到：

- 市盈率变得很有吸引力。
- 考虑到股息，是时候买入了。
- 一些股票的利好消息渗透进市场。
- 关于股票的利空消息反转了，或被证实是错误的。

换言之，市场改变了它对一只股票的看法，停止了股价的下挫。在此时抛售股票的是那些已经持有了太长时间并最终选择放弃的人。而此时的买入者是那些为了下一次的反弹而建仓的长线投资者，华尔街将其定性为价值投资者。短线投资者只是从旁观察，并不参与行动。

在筑底阶段，也就是第二阶段，依据均线和成交量无法判断趋势。究其原因，持久的上升或下降趋势是不存在的。长期的均线，像50日或200日均线则是关键所在。它们已竭尽全力。因为价格在横盘，短期均线在一个局限的价格范围内蜿蜒向上或向下。市场正在调整思路以确定是看涨还是看跌。你的关键指标之一就是成交量，而成交量除了偶尔的起伏，基本保持稳定。如果你研究过一些长线图表，就很容易辨识出这些长期走平价格的构成。对于这样的趋势，持续数月或更久并不少见，这被称作碟形底或圆形底。这是属于价值投资者关注的领域，例如共同基金，价值投资者建立重仓位并长期持有，依靠股息回报获得盈利。当市场最终上扬时，他们便可获得可观的回报。而在此之前，这个回报少得可怜。

从筑底阶段到上扬阶段（或称第三阶段），通常是由长期均线确认的，从50日均线到200日均线。如果伴随着交易量的持续增加，这可能会是一个突破性的走势。我强调这些指标的制约性，你会经常需要从其他的关键指标中寻找额外的确认。

这些交易模式很容易从历史的、长期图表中辨识出来。但是活跃的交易者必须能够使用较短时间间隔的图表做出同样的分析，我会在第六章中做更为详细的讨论。长线交易者研究一周或一个月的图表，它可以涵盖数月，而短线交易者关注每日的图表，它可以展示出35 ~ 45天的小时价格变动。同样的价格模式经过压缩显示在屏幕上，对于初学者来说很难看懂。然而，价格模式就在那里，经过一些培训以及获取了一些经验，你就能够学会发现它们。但是短线交易者对于长时间建立重仓位并不感兴趣，短线交易的艺术就在于快进快出。短线交易者在交易过程中遭遇的重大风险是停留在市场中太久。长线交易者通过限制自己持有股份的份额或者资金成本平均法达到控制风险的目的，而短线交易者通过避免长时间在市场中停留从而降低风险。

因此，当短线交易者在第三阶段中锁定一只股票时，他可能只有 1 ~ 2 天的时间来交易（长线交易者在第三阶段中可以交易数周、数月或更长的时间）。越是有经验的短线交易者，越早锁定不同阶段的股票并在极短的时间框架内完成交易。最终，你会观察到所有 4 个阶段在很短的时间周期内不停地循环重复。这是一项很重要的技能，最好是通过与资深的交易者共事而习得，由这个人在某个或一系列的交易时段中为你指点出每一个阶段。

对于所有时间周期内计划持有股票的投资者来说，第三阶段是最适宜的时机，也是最乐观的时机。所有促使股价下跌的原有股票持有者都已经达到了利益均衡点，纷纷退出了市场，剩下的一些投资者和交易者等待股价上升后会立即抛售股票。此时牛市粉墨登场。作为一名技术交易者，你无须担心上涨势头背后的原因。你会看到所有的均线纷纷走高，伴随着的是交易量和你所依赖的指标的走高，如股票指数期货合约、整体市场、所交易板块股票的分类指数等。这次走势的基本面原因对你来说无足轻重，但奇怪的是，此时的基本面情况通常也是不明朗的。所有市场动向都是依据对将要发生的事件的预期而产生的，而不是依据正在发生的事情。如果你等待证明一个已经开始了的趋势，你将错失良机。

当第三阶段展开时，投资者或交易者便开始关注适宜的均线。当日线图中显示 50 日均线穿越了 200 日均线，价值投资者就开始了激进的购买行为。在时间周期更短的市场中，当小时图表中的 20 均线穿过 50 均线，波段交易者开始行动；当 10 分钟图表中的 20 均线穿过 50 均线，日内交易者开始行动。上述 3 种情况都只是对本章开始时论述的供需基本准则的简单反应，它们透过均线被体现出来。当买家数量多过卖家数量时，他们被归类为激进的买家。这也解释了为何成交量是所有交易者在决策过程中的重要参考依据。

逢高卖出

当所有买家得到满足后，这只股票就进入了第四阶段，此阶段对应着第二阶段。第二阶段代表着整理或底部横盘的交易形态，而第四阶段则是位于交易周期顶部的整理或横盘形态。再一次地，我们观察一下交易量以搞清楚到底发生了什么。价格仍在缓慢走高，但交易量已经开始锐减，均线呈现出疲软态势。一些交易者在问股票还能涨多高，而其他人已经开始见好就收了。你应该在此阶段的开始就成为见好就收的那一个。

然而，人们的情绪依然高涨。原因就是，基本面消息在此刻仍是利好的。正如他们在交易所大厅里常说的："所有的好消息会在价格达到顶点时蜂拥而至。"分析师吹捧着这只股票，就好像机不可失，时不再来似的。如果一个人说股价将达到每股 100 美元，就会有另一个跳出来说每股会达到 200 美元。如果你是一名愤世嫉俗者，你就会咒骂那些分析师其实是想诱导公众跳进火坑，以帮助自己公司里的机构客户摆脱困局，但这可能只是我对于低谷时期的股价变化的片面看法。

我们要关注的重点是 50 日均线。如果它不能支持你的行动，你就要等待市场做出纠正。再次提醒，你需要在此刻离开市场。因为你永远不可能在破产后盈利。如果你等待太久或妄图触碰价格最高点，你将后悔不已。另外，如果股价反弹超过 50 日均线，成交量上涨，价格可能会持续走高，你或许可以考虑返回市场再建长仓。再次强调，你的决策需要依赖一些可靠的指标而做出，判断是否会出现上涨势头而不是抵达高点后的一泻千里。

如果价格没有超过 50 日均线，则市场回到第一阶段的初始。正如你所猜测的，它与第三阶段类似，但它是看跌而非看涨。此时，卖家占据了舞台，这一阶段持续的时间通常比第三阶段持续的短。市场下跌的速度比它攀升时快。其中一个重要原因是，大小持股股东之间的差别。大股东实力雄厚，它们是机构投资者，如共同基金和养老基金、银行和各种投资机构，小股东是个人。在波动的顶端，特别是长线波动时，机构以虚高的价格将股票抛售给个人。一旦进入第一阶段，太多的股票集中在散户手中，股价自然出现下跌。卖空，尤其是那些不受上涨抛空交易规则约束的做市商卖空，会加速熊市下行的速度。在交易者做空交易之前，上涨抛空交易规则要求个体交易者等待股价的上扬。

一些逆向交易者，试图逆势而为。别人卖出时他们买入，别人买入时，他们卖出。这是一条可行的战略，但新手交易者不要轻易尝试。在刚开始交易时，我强烈建议你顺势而为。经历一些之后，你将学会逆风而行。

商品、期货合约和期权

首先，你需要明确区分实物商品和金融期货合约。实物商品必须被生产出来，而金融期货是智力的产物。实物商品需要经由生长、繁殖、挖掘、存储、运输和检验的过程，它们在我们的生活中有实物形态。我们食用、穿戴并使用它们为房间取暖。而金融期货存在于金融玩家的头脑和电脑存储设备之中。

实物商品的供给是复杂的，并有赖于多种多样的因素。当投资者和交易者想要买卖时，期货和期权合约便经由意愿创造出来。对于这些金融合约，只有供需等式的需求一方才是重要的，需求创造供给。

为了便于理解实物商品的供给方，我依据供给是如何产生的将商品分为不同种类。此外，我无法涵盖全球范围内的期货交易所交易的全部商品。因此在这里，我仅对美国的交易所交易最活跃的商品进行一个快速的概述，如芝加哥期货交易所，芝加哥商品交易所，纽约商品交易所，纽约棉花交易所，美国中部商品交易所以及咖啡、糖、可可交易所，从而帮助你深入了解决定供给关系的复杂性因素。

让我们从农产品入手，尤其是谷物加工品。它涵盖玉米、小麦、大豆、大豆油、大豆粉、燕麦和大米。基本的供给等式是

$$期初库存量 + 生产量 + 进口量 = 总供给量$$

饲料用量、种子产量、剩余量＋食品量＋出口量＝总消耗量或需求量

总供给量－总需求量＝期末库存量或结转量

　　看起来很简单，对不对？期初库存量是上一年农作物的结转量，对于大部分谷物来说是 10 月 1 日或 9 月 30 日。但这充其量只是一个猜测。记住，在世界各地都有谷物的生产和消耗。因此，所有决定供需的评估结果影响着全球的生产与消耗。

　　有一个问题是，许多国家并不提供可靠的信息。其中一些甚至一点都不配合——他们不提供任何信息。

　　在期货市场中，并不存在我们在美国证券交易中所熟知的那种内幕消息。例如，世界最大的谷物公司都是私人所持有的，除了一家之外，其余全部注册在美国之外的地方，并不受任何美国监管机构的约束。它们自由自在，为所欲为。再加上它们非常富有，拥有或控制着世界上几乎所有谷物的自由库存。此外，它们彼此之间竞争激烈，是积极的期货合约玩家。

　　另一个需要交易者与之抗衡的完全不可控因素就是全球范围内的气候。谷物主要生长地区的极佳天气条件会使得谷物价格一路向下，而干旱等天气会使得谷物价格飙升。甚至细微的困扰，比如阴雨的播种或收获季节，也能够引发交易日的涨停或跌停，带来极好的交易机会或造成巨额亏损。

　　期货价格预测者，使用供需原理作为他们主要的分析工具，必须与无原则的政府、存在大量内幕消息的贪婪的跨国公司以及无法预测的天气抗衡。但这还不够，甚至美国的农民也会不时地掩盖事实。农民被美国农业部要求完成调查问卷。当农民被要求填写播种意向调查表时，他正坐在存储着 10 万蒲式耳玉米的仓库之上。他会告诉美国农业部他正在播种最大面积的玉米吗？还是说他正在划分出适宜的田地改种大豆？如果所有的农民都改种大豆了而他没有，他就会看到玉米价格的攀升并能够从仓库中拿出足够数量的玉米进行贩卖。然后，他就可以种植一切他想播种的农作物。他究竟会怎样做？

　　这样的绊脚石不仅出现在谷物板块，在肉制品行业，如牲畜饲养、罐装

牛肉、瘦猪肉和猪肚也会有类似的问题发生。你如何将疯牛病考虑其中？如果谷物制品行业发生灾难，饲料价格会如火箭般上涨，饲养员会削减其饲养的牲畜数量，制造出一个短暂的熊市，随之而来的就是一个长期的牛市。或者再让我们看看食品和化纤行业，如咖啡、可可、糖、橘汁（冷冻浓缩橘汁）和木材。一项关键因素，毋庸置疑就是天气。其他因素有外国政府限制这些商品的出口数量，如果它们能够做到的话，就会出于自己的利益操纵价格。巴西和科特迪瓦出产咖啡和可可，如果价格过低，它们便纷纷退出市场。如果石油输出国组织（OPEC）与非成员国进行合作，相同的情形还发生在原油及其副产品行业（原油、燃油、汽油、天然气和丙烷等）。之后还有金属行业，像银、金、铂、钯、铝和铜。其中以银、金为例，预测者面对的是基于主金属（如铅、铜）开采量分析得出的银、金供应量的增加，因为贵金属通常是副产品。当需求下降，供给还会上升。

如果以上这些还没有让基本面分析师恼怒，那么有用的信息量会让他们抓狂。美国农业部可能在一个月内发布了近300份报告，涉及谷物和肉制品的方方面面。此外，还有几十种私人服务行业甚至商品经纪公司专门提供与供需相关的服务。尽管如此，也正因为如此，我感觉到一般的交易者无法公正地对待基本面分析。

我的建议是考虑使用技术分析，正如上一章节讨论过的那样。这个建议对活跃的交易者尤其适用，他们几乎整日浸淫在市场当中。而对于日内交易者来说，这是你的唯一选择。

以我之见，甚至长期交易者或投资者，这些对市盈率、人事变动、产品开发、市场占有和其他基本面因素情有独钟的人，应该将基本面分析与技术分析结合使用。技术分析严格利用价格活动。通过理解，在变化的基本面原因公之于众之前，基本面分析师能够识别股票或期货合约价格的重要变化。如果没有其他，即使基本面交易者并未习惯将技术分析作为他们的首要预测工具，他们也能够很好地使用技术模型作为第一预警系统。

第五章

将思想付诸纸上

　　在我们走得更远之前，你需要开始制订计划。一份好的计划应该有开头，有中间步骤，有结尾。而第一步也是最重要的一步，通常是被大多数交易者所忽视的一步。它对于你的交易哲学观的形成至关重要。中间的环节需要你写下行动计划，这是你每日交易计划的关键所在。最后一部分与你如何实施第一部分和第二部分相关。

　　从本章的标题可以明显看出，我希望你将自己的计划付诸纸上。在这里，有太多的交易者会犯错误。一般的反馈通常是这样的："我知道我将要做什么，无非是交易和赚钱嘛。准备一份书面计划就是在浪费时间，我所有的时间都应该用来交易。所以，别扯了!"换言之，大部分新手交易者在没有做好准备的情况下就匆忙开始交易是很常见的。之后，他们就会感到疑惑为什么在 3 个月内就损失掉了大部分的资金。

　　亲爱的朋友们，这里有数千条理由让你将自己如何计划交易的想法写下来，这些理由也确实蕴含着真金白银的价值。几十年来，我亲自与各种各样的交易者打交道，有如此多的交易者最终以破产的结局离开市场，其最为普遍的原因是，他们丢失了自己的首要目标和交易策略。他们永远不会花时间认真考虑他们正在投入的事情，以及如何做好充分的准备以实现目标。清晰而准确地定义出如何交易、何时交易、在何处交易、交易什么以及为什么你要去计划交易，这些将有助于你建立一套交易理念，使你撑过开始交易的头三个月。此外，你需要在做决策之前明确自己的想法。

如果你认为你仅仅花费了一个周末就能够把上述问题都考虑清楚，那么看到这里就请停止吧。放弃成为一名职业的或半职业的交易者的念头，去网上随便找一个股票经纪网站或者爱做什么做什么。这样做还能缓解你的压力、减少你的经济损失。否则，仔仔细细地通盘考虑一下，把想法记录在纸上，这是做好准备面对未知的关键一步。

我坚持让你在纸上记录想法的原因在于，没有比它更能够使你全面探索、深入理解你所要面临的挑战的方法。这个过程不仅适用于高风险领域的投资与交易，也适用于所有重大的、改变生活的事件。我希望更多的人在面对婚姻的问题上能够采用这个方法。在我看来，它能够使离婚率降低一半。

书面交易计划的形成将从本质上提高你开始交易的头三个月的生存概率，并指引你度过整个的交易者生涯，因为它能够帮助你做好准备应对前进道路中的障碍。一份深思熟虑的计划对于交易者来说，如同航海图之于船长。当你步入你的人生新阶段时，它为你即将遇到的事情提供深刻的洞察力，指引你如何进行调整。通过回答书中提到的这些问题和提供所需要的信息，你能够解决掉那些阻碍或毁掉你的成功机会的障碍——那些不通过这些练习无法预知的障碍。

你无法在心里记下能够使你成功交易的全部信息。当你遇到一些阻碍时，必须有书面的文件可以参考。在这些障碍中最容易削弱你的力量的就是你的个性。而本书中的练习最有价值的功能就是教会你做严肃的灵魂探索，以确定你是否在心理层面准备好成为一名活跃的交易者。你的情感会试图告诉你市场并非永远正确，这常常会导致你的资本损失。这时你就要回到书面材料中进行检索，从而帮助你回归正轨。

交易就是一桩买卖，你怀着赚钱的目标买卖贵重物品。这与买卖船只、车辆、居所或其他有形资产没有分别。交易者常常会忽视这个简单的事实，因为他们从未占有过股票证书、实物商品或期权合约。所有这些都是以代码的形势掌握在你的经纪公司或清算公司的手中。如果你不得不为这些交易实体提供资产保管，或者交易的是稀有贵金属，在你将交易实体转移给另一个买家之前取得评估报告，你的想法可能会有所不同。然而这看起来更像是一桩生意了。不要让这些便利使你偏离方向。活跃的交易就是生意，每一桩生意都需要计划。

另一个需要形成书面计划的原因是，写作能够激发思考。一旦你开始将想法跃然于纸上，你的思想就会攀升到一个更高的层次上面。想法一派生出想法二到想法十。你的思维在赛跑，你就会想出前所未想之事。写得越多，思路越清晰。写作如同播种橡子，它使你的思想生根发芽，成长为高大的橡树，强大到足以抵御作为交易者的你即将迎来的暴风骤雨。

"我看见了"，一位从未见过任何东西的盲人如是说

写作帮助你看到盲人所无法看到的东西。它为你计划所做之事提供深刻的洞见力，为你清除身边分散精力的事物。例如，你正在考虑是否进行交易，目前的牛市势头正旺，你的朋友都在绞尽脑汁地进行交易，那么你的决策过程就是错误的。这种情况发生在 20 世纪 90 年代末期，日内交易风靡一时。随着我们步入 21 世纪，百万富翁充斥着交易大厅。之后，市场收回了它所曾给予的，一大群曾经战无不胜的交易者血本无归地离开了交易大厅。

疯狂的牛市原谅了交易者的傲慢与无知，一些交易者知道他们的技能和经验出了问题。在这些大牛市中，他们选错了股票，却仍然倚仗着整个市

场的强劲势头取得了可观的利润。这些交易者凭借运气变得富有。他们开始在最好的时机开展交易，他们也能赚到钱，因为他们可以几近正确却又不是绝对正确。而当市场开始逆转时，他们又把自己所赚到的大部分或全部都赔了进去，因为他们从未真正搞清楚自己为何在第一阶段可以如此成功。另一个赚得多赔得多的重要原因是他们没有思考他们正在做什么，他们没有制订计划。他们没有思考自己的逃跑路径、保护利润的机制或是何时退出市场，不做任何灵魂探索，只是盲目地进入市场。

我知道现在有很多这样的交易者，他们的问题亟待调整。不久以前，他们觉得自己富有、明智，他们是完全独立的、只为自己工作的职业交易者。他们自己设定自己的工作时间，想工作就工作，想休假就休假。在二十几岁的年纪，他们就已经过上了这种梦想般的生活。随后市场开始与他们作对。这是对的，他们并非不可战胜。20世纪90年代的轻松赚钱，演变成了21世纪的血雨腥风。这种轻松的生活方式被彻底摧毁。这使我想起一位明星运动员，他在美国国家橄榄球联盟新年秀中受了永久性的伤，此后再也没有听到有关他的消息。

如果这些交易者能够制订好书面交易计划、做一些重要的灵魂探索以做到更好的准备，那么他们更加有可能存活下来。这便是书面交易计划对于交易的全部意义之所在。意识到市场是什么，并接受它原本的样子，仅此而已。这就是关于生存与偏执，这就是本书所要传达的全部内容。

书写也是一种承诺。当你将想法付诸纸上，它在某种程度上显得更加真实。你会对它更加负责，并赖以为生。这样你将实实在在的压力施加在自己身上，并可以将你的计划交给导师看一看。或者你也可以将其分享给自己的一位同伴交易者或是你可能会遇见到的一位交易指导者。而更好的是，你可以把它分享给自己的伴侣。这种行为能够证明你的承诺和自信，表明你已经制订好了一份不错的计划。如果出于一些原因你不愿分享自己的计划，或许是由于你认为它太过私人或是羞于分享，这是一种明显的信号，它代表你还没有准备好交易。

请你的导师为你参谋，好好研究一下你的计划，就好像将你的硕士研究生论文提交教授审阅委员会一样。在你正式开启新的职业前，你需要得到他们的祝福。如果你自欺欺人，他们会提醒你。如果你隐瞒了关键信息，尤其是关于你自己和可能阻碍你成功的弱项的信息，他们会告诉你。如果你忽略了某些关键领域，他们会让你重新制定。

在市场发现你的弱项之前找到它。如果市场发现你无法控制住自己的贪婪，它会将你扫地出局。如果市场发现你无法管住自己的脾气，它就会激怒你，直到你完全失控。如果市场发现你身上存在的任何缺点，它会进一步地发掘。在我深入太多之前，请理解我不认为市场是什么神志清醒的物种。但那些将自己的情绪垃圾倾倒入市场的人，最终会被判出局，问题还是出在他他自己身上。因此，在你交易的过程中，你对别人的情绪做出反应，这会招致最好或者最坏的结果。面对市场无异于面对任何其他可能带给你深远影响的挑战，要么战胜它，要么被它战胜。

一份书面计划规定了一旦你孤注一掷的时候你需要做什么。例如，你的交易时间框架是什么？你将成为一名日内交易者，还是一名波段交易者？或者你选择长期持仓而非仅交易几天或一周？你将专门从事何种类型的交易？动态交易？趋势跟踪？你想采用任何特别的交易策略吗？股票分割交易？专注于分析盈利报告？上市？如果你交易商品，你会成为日内交易者还是长线交易者？是按原则交易还是逆势交易？关于期权呢？你计划成为一名买家还是卖家？还是打算结合多种交易实体？或者使用交易组合，像价差和勒式组合，或使用某个交易实体对冲其他实体的风险？我的观点是，仅仅简单地陈述你即将成为一名交易者是不够的。

准备书面计划也是形象化的第一步，这是从运动心理学中借鉴来的一种技术手段，却为很多的职业交易者所使用。正如运动员在运动前会在头脑中想象挥出完美的一杆高尔夫球或撑竿跳的画面，交易者也同样会在头脑中构建一笔交易应该如何操作。在一个更宽泛的尺度下，你的计划应该准确地描述你想如何开展你的新职业。当然，想要自己对金钱的预测永远正确的想法几乎不可能实现，但将你的思想形象化、具体化可以变成你的参考标准。当你每天、每周、每月、每季度、每年审阅自己的进程时，你就会知道自己到底身处何地。知道了这些，你就可以随时调整你的计划和交易。

更进一步的分析使你了解你需要额外帮助的交易领域、你能够从哪里得到帮助以及你所擅长的方面。在之后的章节中，你将会了解到如何精准地测量你的进程。自然，你想要消除消极面、增强积极面。当我们讨论制订个人交易、评估自己的表现时，我们会着重强调这一点。

制订计划的重要一环就是设定目标。太多的交易者忽略了这一步，要么就是被陈述每天、每周想要赚取的金额所替代。盈利固然重要，但将其设定为你的第一个并且是唯一的目标就为时尚早了。我告诉交易者，我的建议是在开始时只要想着做好的交易就好了。例如，在开始交易的第一周，设定一个做好 4 笔交易的目标。

什么是好的交易

简单来讲，一笔好的交易是指令你满意的交易，也是指你能够完全掌控的交易。你以调研、选股和将交易形象化作为开始。例如，你做了家庭作业，熟练地使用技术分析手段选择了一只处于上升趋势的股票。它已经上升了一些点位，并遇到了一些阻力。随后它开始横盘，价格开始回落。成交量的数据告诉你，它已经不适合买入了。然后，它的价格趋于稳定，你确信股价会再次上扬。它已经远离阻力位以上 3.5 美元。目前它已经克服了先前的阻力，现在变成了支撑。10 日和 20 日均线在 60 分钟图上不断攀升。在开盘 20 分钟后，你以高于报价几分钱的价格下了一个限价订单，这笔交易随即成交。

一旦开展交易，你就会像一名狙击手围捕猎物一般地紧盯你的交易。你的价格目标是 1 美元的盈利，你的止损指令下降了 1/4，刚好略低于下降趋势支撑位的第一级。如果股价回升势头疲软或者成交量不尽如人意，无论你的盈利情况如何，请立即抛售股票。如果股价以中高位的成交量为前提继续上扬，你则可以继续持仓并适当调高你的止损点。你的止损价格可以变成一个可以追踪的点，随着股价的走高而调整。它将保持在低于上涨价格的区间内，当价格回落时成为价格支撑。你应该选择在支撑点或阻力点附近进行更多的交易活动，从而为止损指令的成交获得更好的机会。伴随着你的持仓的盈利，你的止损点随着价格的走高而调整。当头寸抵达下一个阻力区域，你选择平仓获利。

这就是一个好的交易。好的交易不是因为你赚取了利润，而是因为你能够掌控。如果交易处于毫无目标的横盘阶段，尤其当交易量萎缩时，你就需要在盈亏平衡或者仅亏损一点的时候果断退出。如果价格下行，那么你的止损指令将引领你退出交易。

新手交易者的首要目标就是去做好的交易。太多地强调赚钱，特别是强调交易的第一天就赚到钱，是不切实际的。没有人在职业的起步阶段就能够达到事业的顶峰，那通常是一条缓慢、曲折的攀顶之路。一名日内交易新手可以设定这样的目标，即在交易的初始 3 个月内，资金亏损率不超过 20%。

同时请记得，你必须为每一笔交易支付佣金（为一次买入或一次卖出支付一笔佣金，为一个完整的交易要支付两笔佣金）。佣金的支出会减少你的资产，这和亏损是一样的效果。然而，你必须学会接受它，如同你其他生意中的经费支出一样。没有人想支付工资、租金、保险、昂贵的设备或是保留库存。但你若要开展经营，上述支出是必不可少的。交易也是一种生意，你需要支付它的运营费用。稍后我就会详细讲解费用开支，毕竟每一笔生意都是有预算的。你必须了解如何计算盈亏，以计划你如何转型成为一名全职或兼职交易者。

将做好交易作为初始阶段的目标比设定一个大概的盈利金额要实际得多。记住，你所设定的目标必须能够调动起你的心灵和情绪能量。先做到这一步，然后再说金额的问题。我之所以这样讲，是因为你的情绪常常会影响你设定其他目标的方式。例如，我想超越我的财务目标，这意味着要设定既定目标的两倍，而非中途才察觉到目标不可实现。虽然最终的结果是一样的，但这样的方式会使你感觉更加舒服，并且有益于你的交易。

接下来让我们谈谈这样两位交易者，他们都希望一年赚取 20 万美元的净利润。其中一名在持续不断的压力下会表现得更好，另一名则不行。第一名交易者设定的盈利目标是 40 万美元，而第二名更倾向于设定一个适度的目标再超越它。所以第二名交易者设定了 10 万美元的盈利目标。最后两个人都获得了 20 万美元的利润，并且很满意。当第二名交易者实现了 10 万美元的盈利时，他感到更加舒适和放松，因此做出了更好的交易。而第一名交易者则认为如果没有压力的驱使，他会变得粗心而懈怠。

这就是依据你的个性设计目标和规则的问题，尤其是要考虑你的情绪性格特点。一个关键问题是，要一直保持自律。我知道一位交易者，当他知道自己被关注时，他的表现会更出色。他了解交易的规则，但只有其他人在那里监督他，他才会遵守这些规则。如果要他独自交易，他就会在市场上恣意妄为，用交易量压制市场。例如，他会试图通过预埋大额的出售订单制造一个小的熊市，这样当其他交易者看到了他的订单，就会和他一起卖空。这样做有时会拉低市场的走势，如果他的交易量很大，他还会获取每股几美分的微小利润，最后以几百美元的盈利收场。但如果他在市场势头不对时尝试做这种交易，就会亏得很惨。相信我，用 5000 美元的本金冒险赚 500 美元的利润，这种赚钱方式并不可取。当交易出现了问题，他会将从前赚到的全部赔出，甚至损失更多。因此，这名交易者需要设定的目标之一是，永远不要独自交易。

下面我给大家讲另一个不幸的小故事。我与一名交易者共事，他叫杰基，他总是在上午进行交易。在大多数情况下，市场开盘时总是伴随着小幅波动，因为交易系统处理了前一天晚上和清晨的挂单。交易量逐渐增大直到纽约时间的中午之前。随后成交量放缓，交易者开始为收盘做准备。杰基从开盘到上午，也就是 10：30 到 11 点的这段时间表现得很好。他总是能赚到 1000 到几千美元，但之后又都赔了进去——截至上午 10 点能够赚到最多，而到下午 2 点则会变成收支相抵甚至开始亏损。

我告诉杰基："中午前就回家去，找一些事情做，如举重（他喜欢健身）、打高尔夫球、接孩子放学、学习如何交易。除了交易，做任何事都可以！"那些经纪公司的员工说的话很奇怪，他们鼓动你交易，因为他们就是靠成交量赚钱的。然而，我希望他能够成功、能够交易数年，而不是短短的几个月。最终，杰基没有听从我的劝告早些离场，他开始在家里操作交易。在短短几个月的时间内，杰基损失掉了他的全部本金，并回到了他原本的工作岗位。如果他能够在交易计划书中写下一条禁止午后交易的规则并严格执行它，我相信他能够坚持交易下去，并且会比现在富有得多。

这仅是我的个人观点，自从他关闭账户后，我就没有再跟踪了解他的职业情况。我认为，所有人都有某些短板，因此如果想要成功交易的话，我们必须制订计划严格控制它。例如，我有持仓时间过长的倾向，我发现自己经常要做自我斗争去放弃一笔交易。当一笔交易遇到阻力时，如果我能够放弃掉几分钱的利润，我会做得更好。为了对付自己的这个怪癖，我强迫自己设定一个止损指令。还有一些交易者，他们能做出很好的交易分析，却无法听从自己的意见。我的缺点是过于自信，而他们的缺点是缺乏自信。如果你已经意识到了自己的缺点，你就有机会克服它。

我在离开关于目标设定的讨论之前，概括出几条基本规则以使你的目标更加有意义。目标是用来提升你的交易表现的动态目标，它应该能够促使你交易得更加出色，取得更加长期、持久的结果，而不是那种每天盈利1000 美元的静态目标。因此，关于如何围绕着你的表现设定目标，我将在

第九章中进行详细的讨论。例如，一个目标应该可以提高你的盈利概率或降低你损失交易的平均规模。依据我的理解，基于表现而设定的目标更优越，因为它强化了积极的情绪，这对未来的交易表现有着更强的影响力。你会感觉更好，对自己的交易更加自豪，像焦虑、恐惧、不自信等的负面情绪会更少。在本书的结尾部分，这方面的内容将更加清晰。

你的内心深处有什么样的秘密，影响了你的交易？你可能会说，你没有交易过，因此不知道。对于这种说法，我并不认同。你，正如在地球表面上生存的每一个人一样，都有自己的人格特征，这些特征会随着你开展交易而被放大。你必须从一开始就对自己保持绝对忠诚，将自己最鲜明的个性记录在纸上。通过写下它们，你就会正视它们的存在，这是整理它们的第一步。如果你现在还没有整理它们，那么当你出于交易的水深火热之中时就为时太晚了。下面有一些问题你应该思考：

- 你有多么贪婪？
- 你的贪婪可控吗？
- 当你看到别人成功时，你会不会妒火中烧？
- 你会欺骗自己或他人吗？
- 你是否过度激进？
- 你能控制好自己的情绪吗？
- 你是否相信自己会一直正确？
- 你能够采纳别人的意见吗？
- 你必须一直自学吗？
- 你的自我意象是否强烈？或过于强烈？
- 你是否深信交易是简单的？
- 你对交易市场的激情是否强烈？
- 如果某些权威人士告诉你，你不适合成为一名交易者，你会听从他的意见吗？

- 你如何处理好紧急意外情况？

- 什么情况会使你惊慌失措？

- 损失一大笔钱会不会摧毁你的精神或使你陷入财务危机？

- 当你听到这句话："你必须在明天之前追加保证金"，或者有人告诉你你的账户已经亏空，你会有何感想？

- 你是否认为成为一名成功的交易者会让别人更加爱慕你、感激你？

我强烈建议，在你开立交易账户之前，仔细想一想这些问题并在纸上写下答案，然后大声将它们朗读出来。当你完全满意自己的答案时，再大声读给你的配偶和导师。最重要的是，注意他们对此做出的反应和提出的建议。

上面提到的问题涵盖了一些可能会发生的最糟糕的事情。如果你为这些糟糕情况做好了应对的准备，就不太会在交易中遭遇失望了。以我的经验，传达像是"嗨，你昨夜持仓的那笔交易在今早开盘时上涨了 10 美元！"这样的好消息，是不可能令人痛苦的。但当我不得不通知客户追加保证金时，这对我的客户和我自己而言都是不小的压力。那些从不做最坏打算的人很容易辨别。我们至少可以这样说，以为自己一旦开始交易就能够过上幸福生活的想法是非常不切实际的。

上述问题中的一些是很愚弄人的，你如何回答关于从别人处采纳意见的问题？这是一个具有两面性的问题。首先，有两类信息是你所需要的。你需要知道关于市场是如何运作的大量技术性信息，比如哪一种电子通信网络交易平台使你交易的股票流动性更强，哪一种软件平台运行得更有效。此外，你还需要知道选择哪一种股票进行交易、何时开始交易等这样的信息。

交易不是一项团队运动，你可以把它当作高尔夫球、单人网球，或者钓鱼。你能够依靠的只有自己，你必须独自承受你所做的每一笔交易带来的责备与荣耀。如果你将一次糟糕的交易决策归咎于自己的同伴，你就是在自欺欺人。如果你使用自己的账户开展一笔交易，这就是你自己的交易，而不是其他人的。也就是说，在初始的交易阶段中，你仍然需要从更有经验的交易者那里听取建议。然而，听从别人的建议和信息，例如使用哪一个电子通信网络交易平台，听取电子交易复杂性的解释，或订单在网络中流转的路径，这些都无法使你免除为自己的交易负全责。相反，关于这些新市场如何运作，我们有太多的内容需要学习，前往一所知名的学校进行深造通常需要花费一大笔资金。

对交易的建议又是另外一回事。在开始交易的阶段中，你确实需要一些建议。关于交易的建议如同对行走于深湖薄冰之上的行为进行指导一样。如果有人告诉你冰层足够厚，你大可放心行走于其上而不必担心举步艰难，那么你要做的第一件事情就是考虑信息来源的可靠性。如果给你提建议的这个人是你最好的朋友，你倒是可以试一试。如果换作是你并不信任的人，你就要格外小心了。换而言之，听取建议是一件危险的事情，没有人想掉进冰窟窿里。

这也是要寻找一名你能够信任的导师的最重要的原因之一。泰格·伍兹有一名挥杆教练，为什么你不应该有一名导师呢？你需要有人帮你参谋你的交易计划和交易策略，需要有人能够在你开展交易职业生涯的时候向你提供直接的答案。例如，一名新手交易者在股票、商品或期权交易领域中会提出的代表性问题是：我应该从哪里开展交易？如果你选择在交易大厅开展交易，你就会发现很多你完全不熟悉的证券交易常规。原因就在于随着你的经验越来越丰富，你在交易过程中就会遇到越多的不确定性的问题。通常交易寡淡的有价证券不会成为 CNN 的头条报道。如果你试图超越经验丰富的交易者，你会很快使自己麻烦缠身。一名好的导师能够帮助你避免此类错误的发生。如果你在自己的书面计划中详细说明你打算交易的证券或者证券类型，你就可以为自己节约时间和金钱。

在你的书面计划中，应该包含一份详细的计划交易内容的清单。例如，一名股票交易者可能会说："我打算选择最热门行业的纳斯达克股票进行交易，其价格在每股 10 ~ 30 美元，每日成交量至少达到 50 万份额。"当看到这份计划时，你的导师可能会向你强烈推荐一个日成交量更高的股票（100万股甚至500万股）开展交易。原因是，交易寡淡的股票通常易于进入，难于退出。总有一些人想要向你兜售市场中的一只股票，但卖家总是倾向于拉低市场的走势。如果你是一名新手交易者，你的初始目标是做成一笔好的交易，那么你在选择股票的时候就会遇到困难。除了交易寡淡的股票，你还可能会选择波动最剧烈的行业板块。低成交量和高波动性的组合是新手交易者的灾难。价格带来更大幅度的波动，这对于资深交易者来说都很难驾驭，何况是新手交易者。

你的导师可能会建议，结合你过去的交易经验，你应该选择纽约证券交易所的股票开展交易，而不是选择纳斯达克的股票。纽约证券交易所使用的是一套专家经纪人交易系统，它与纳斯达克所使用的做市商系统是不同的。专家经纪人在交易大厅中扮演着裁判员的角色，他们在管理所负责的股票交易中有着较大的权威。例如，他们通常保有所管理的股票的库存，这使得他们在市场需求旺盛时可以增加流通的股票，当供给过剩时可以买入。他们可以在开盘后暂停交易或是推迟开盘。他们的作用是维持一个井然有序的市场。正如我们在最近几年所见的，纽约证券交易所已然不是恪守规则的典范。然而，考虑到一些陈旧的、广泛的关于踏实交易的问题，你的导师可能会建议你，相比你可能在纳斯达克所遇到的风险，以更低的风险开展交易而获取一些进入和退出交易的经验更为妥当。

出于一些原因，纳斯达克市场以其波动性而闻名。首要原因是其做市商系统。做市商人如其名，他们做市。他们同时在两个市场上交易。例如，在市场上，做市商为想要卖出的人出价，为想要买入的人报价。他们听起来像是专家经纪人，但在纳斯达克市场上的每一只股票都有多名做市商在为同一只股票做市。

现在所有这些做市商在与活跃交易着的同行、交易者、专家、业余从业者竞争。而在纽约证券交易所，每一只重要的股票只有一名专家经纪人，纳斯达克市场中每一只股票却有多名做市商。一些做市商为自己而交易，一些为客户交易，而多数则兼而有之，他们因此被称作经纪自营商。当他们在市场中抛出一个卖出价和一个买入价时，订单就此产生。猜想一下，假如高盛集团在 ABCD 市场中做市，呈现了 1000 × 32.25 和 500 × 32.27，也就是说以每股 32.25 美元买入 1000 股，以每股 32.27 美元卖出 500 股。这些信息无法告诉你，他们真正想要多少股份或者满足客户订单的真实需求。高盛集团可能需要买入或卖出 10 000 份或更多的股票，这意味着该公司为了执行订单需要不断地将市场拉高或拉低。否则它们可能只需要买入所显示的 1000 股份并退出市场，或者在下一次以低于市场的价格出价，这样它们就不必再购买任何 ABCD 的股票。

这个道理同样适用于 ABCD 其他的做市商或是其他问题。换而言之，纳斯达克市场是一场巨大的电子纸牌游戏，你身在其中只能看到自己手中的牌。因为不像在纽约证券交易所那样设有裁判员，纳斯达克市场的波动性更剧烈，这在开盘时尤其明显。做市商可能在收盘后或者开盘前下订单，即便在这个时间段有一些交易是通过电子通信网络交易平台进行操作的。所以在开盘后的前 15 分钟，所有订单都会进入市场。此时的价格可能会骤然上升或下降。出于这个原因，一名好的导师可能会警告你，如果你是一名交易新手，请避免在刚开市时进行交易。此时的波动仅仅表示外汇交易市场在前一晚发生了什么，昨天收盘后有什么新闻被发布了出来。你应该在计划中写下一段话，详细说明在开盘时你该如何交易，或是特别强调在开盘后的最初 15 分钟不要进行交易。

在收盘前你会发现类似的情形，这通常是交易时段内的第二次大波动。波动自收盘前一小时开始。交易者通过平衡自己的投资组合避免更大的风险。你在自己的计划中将如何规划收盘呢？你是会平仓还是会持仓进入下一个交易时段呢？如果你决定持仓过夜，那么你的标准是什么？你会在收盘后继续交易吗？

在开盘后到收盘前的这段时间，突发新闻通常是市场波动的催化剂。通常会有两种类型的新闻——预先公布的和尚未宣布的。预先公布的新闻中最为常见的例子就是盈利情况的公布。盈利情况每季度公布一次，当上市公司公布盈利情况时，你会提前知道年报情况。联邦公开市场委员会的会议是另一个好的例子，会上发布的有关经济状况的财务报告，包含了就业、失业、GDP、CPI、消费者信心指数等数据。在商品通道方面，单单美国农业部每个月就有超过300份的报告，描述了这个国家每一个被生产出的和交易着的商品。尚未宣布的新闻是指意料之外的故事或谣言，它们像一阵微风或一阵大风一般扫过交易市场。新闻也可以被分类为市场板块类和特殊问题类。

未经宣布新闻的一个变种是准未经宣布的事件。这是一个关于市场走势的消息，别有用心之徒试图对市场封锁这个消息。当交易者注意到一只股票或一份期货合约的价格以很高的成交量持续走高时，这些别有用心之徒就会向其透露消息。换言之，有一些交易者是有内幕信息的，或者怀疑一些不可告人的秘密正在上演。例如，一家曾有股票分割历史的公司有着很好的季度业绩表现，其股价已经抵达或者接近新高。这家公司召开了一次非例行董事会会议，一些敏锐的交易者捕捉到了可能再一次分割股票的气息，这通常意味着股价将再一次上涨，交易者因此早早开始准备持仓。在这种情况下，如果一个个人被当作内幕知情人士，在美国利用这个信息是非法的。正如之前所讨论的，这种类型的事件在期货交易市场甚至更为普遍，因为期货交易市场没有传统意义上的内幕消息。例如，一家大型的谷物公司根据中西部地区的天气情况预测出玉米即将发生短缺，于是开始着手建立长仓。

因此，你需要在自己的计划中将这些事情考虑进去。你必须决定以哪种实体开展交易，你将参考什么样的信息渠道，哪一种交易策略最适合你的时间、性格、培训、能力和财力。你计划如何在交易的食物链中向上发展？在后面的章节中，我将针对你应该参考哪些信息渠道以完成计划中的这一部分提供一些建议和意见。我这里所做的一切无非是在提醒你，一些内容需要涵盖在你的书面计划中。

资金管理在任何计划中都是尤为重要的内容。如果你希望成为一名全职交易者，第一步需要考虑的是，你如何支撑自己度过这个转型过渡期间，那将会持续 6 个月甚至更久的时间。如果你还负有家庭的责任，你应该另外安排好一笔资金以满足需求。这里包括生命保险、退休计划和应急储备金。有小孩的交易者也必须考虑到未来的教育支出。每一个人和每一个家庭都需要食物、居所、交通工具和安全感。所有这些都应该被涵盖在你的计划中，当交易不能获利时，你还应该拿出一份备份计划。记住我们的狙击手朋友，他是不会选择一个没有多条撤退路线的场所作为伏击处的。

在交易圈中有一条古老的格言："惧怕金钱的人永远不会成功！"我非常相信这个道理，它适用于交易和我们生活的方方面面。在体育运动中，如果一名运动员有很大的胜算而结果失利，我们会认为是他压力太大以致发挥失常。当一个人太过努力或施加了太大的压力在自己身上，他是没办法表现出色的。无论是长线交易者还是短线交易者，我在没有充足资金的交易者身上观察到了同样的情况。如果你无法承受失去全部风险资金，或者出于任何原因无法从亏损的交易中撤离出来，那么你不应该交易。对于一些人来说，这是心理问题而非资金问题。他们无法让自己接受这样的事实，即他们做了一些蠢事，他们选择了一笔糟糕的交易，或者他们的分析是错误的。结果是一样的，太多的压力促使这个人成为一名失败者。

因此，在你的书面计划中必须包含这样的内容，即你需要承认你可能会损失掉你账户中的全部甚至更多的资金。当你大声将你的计划读给你的配偶听时，用这一条唤醒他或她的注意力。不要遮掩或粉饰这一现实。我已经见识过几百号交易者，他们在开户后的 2 ～ 6 个月，收到了追加保证金的通知，彻底耗尽了账户中的资金。欢迎来到现实世界。我希望这样的事不要发生在你的身上，但它确实可能会发生，如同你在共同基金、房地产投资或开展新业务等方面会承受的损失一样。我的观点是，从一开始接受这种可能性的存在并记录下来。当你把它们记录在纸上，在一定程度上它就会内化进你的内心深处从而变得更加真实。如果这样说会稍显安慰的话，我的人生经验告诉我，如果你做好了最坏的打算，那么这件最坏的事情通常是不会发生的。当你不做任何准备，你就会被牵制其中。

就像一份传统业务的运营计划一样，它最重要的功能之一是帮助你确定交易盈利的可行性。如果你仔细准备了交易计划，你会将所有意外情况涵盖其中。此外，你也将掌握一种工具使你为自己的未来做出合理的决定。

你计划中的一个重要组成部分是预算。你需要准备什么样的开支？成为一名全职或者兼职交易者需要付出的代价是多少？正如前面提到的，在开始交易的前 6 个月可能没有任何可观的收入，你必须为此做好规划。下一项计划就是风险资金，准备多少是充分的？如果你打算成为一个证券监管机构所定义的日内交易者，你必须保证账户中一直留有 25 000 美元，这是我在第一章中提到的。

还有一条常常被忽视的内容是，你需要为自己的每一笔订单支付佣金，必须为它做好预算。你会因为过度交易或者你选择的交易都是亏钱的而损失掉所有的资金，这种情况常常发生。异常活跃的交易者一天内可以操作 100 笔甚至更多的交易。新手交易者可以在一天内轻松操作 10 ~ 20 笔交易。在过去 10 年中，股票佣金费用已经大大降低，但它们并没有消失，费率从每股 1 美分或 2 美分，到每笔交易 5 ~ 10 美元不等（交易的单边）。还需要有人为清算公司支付费用，这些公司每天为所有市场中上千万笔交易提供清算服务。一些人购买你卖出的交易实体，或是卖给你所要买入的交易实体。代表所有买入和卖出的股票所有权必须被匹配和平衡。之后所有的财务处理工作必须被完成，这样你的账户才能在第二天顺利进行交易。相比之下，联邦快递的工作看起来要简单得多。

除了经纪佣金之外，你还需要将其他的一些开支列入预算。其中一项令人惊奇的费用是电子通信网络交易平台费用，其费率在每股 0.25 到超过 1 美分。如果你通过电子通信网络交易平台频繁交易纳斯达克的股票，你还需要在每个月额外支付不少费用。当你找到股票经纪人时，记得问清楚这些费用支出的明细组成。你还会被自律组织（或自我监管机构）收费，即纽约证券交易所、纳斯达克、美国全国期货协会等，它们的收费并不高。而从你的经纪人处借款的利息——保证金，可能会增加，这取决于你持仓时间的长短。成为一名纯粹的日内交易者的好处就是，对于用保证金购买的不过夜的头寸，是不收费的。

在你的预算中，你还需要计算有关工具、宽带、房租、网络服务提供者的连接费用和其他必要的辅助设备支出等收费。交易用的软件支出通常需要每个月 200 美元左右，如果你一个月内交易 25 ～ 50 笔，那么可以免费使用交易软件。如果你在经纪公司提供的交易大厅内进行交易，则需要支付席位费。每月 500 美元的费用，包括一套桌椅、电脑、多屏显示器和高速网络。这笔费用是可以全部或部分减免的，这取决于你的交易活动。如果你在家中进行交易，你仍需要负担网络连接费用。我仍然建议那些在家中或私人办公场所进行交易的人备有一部手机，当场所内断电时，你可以给经纪人打电话要求他们帮你平仓，帮你取消任何未完成的订单，直到供电恢复。如果你远程交易，记得为网络连接费用（电缆、DSL 等）做好预算，每月至少 100 美元。

或许最重要的预算是个人或家庭支出，如果你打算全职交易，那么你的生活成本是多少？你应该计划好至少 3 个月没有任何盈利，6 个月的时间或许更加现实。而最糟糕的情况是，你交易了数月，持续亏损，然后放弃。你必须支撑住直到你找到一份工作，可以支付日常开销。同时，你在交易中可能会损失 5000 美元、10 000 美元、20 000 美元甚至更多。这就是一名职业交易者的现实情况。问问自己：我能做到吗，我想做到吗，不然先尝试兼职交易？我能否先在原本的工作中请假一段时间，尝试一下再说？

你在交易中获得的收入必须超过交易支出。例如，你为交易佣金、电子通信网络交易平台和自律组织负担的交易成本是每股 2 美分，你每天操作 5 笔完整的交易，每笔 1000 股，假如你一年交易 220 天，你将产生 44 000 美元的佣金费用。如果你的半数交易都在亏损，假设每股亏损 5 美分，或者每 1000 股交易损失 50 美元，每天操作 5 笔交易，一年交易 220 天，那么每年亏损 27 500 美元。因此，在支付生活费和损失掉交易本金之前，你需要获得 71 500 美元的收入才能达到收支平衡。这听起来或许有些夸张，但我知道在支付一切日常开销和机器费用之前，很多特许权经营费用都很高。这意味着你的 1100 笔交易收入中的一半都要用来支付费用。为了能够覆盖这些交易费用，盈利的交易必须实现每股 0.13 美元的收益。在你开始交易的第一年，盈亏比超过 2：1，盈利次数超过 500 次，就算是不错的成绩了。事实上，这已经算是非常杰出的成绩了。

在电子数据表中创建这样一个等式，并运行多组变量。找到这样一个感觉：你到底需要做什么才能保持收支平衡，并达到能够使你满意的回报水平，以补偿你和你的家庭所做出的牺牲。

上面的数字只是供你制作一个预估盈亏报表之用，它可以当作一个检验工具。交易的成功极少来自一成不变的模式。你将会了解到交易不是盛宴就是饥荒。我的意思是，你可能在一两天内赚到一个月的钱。市场即将变得炙手可热，你将会在正确的时间出现在恰当的位置。这也正是资金管理如此重要的原因所在。将交易当作是飞钩，你花费数小时的时间，在齐腰深的冰冷水中将鱼钩一次次地抛掷出去。你累了，冷了，感到不安且挫败。然后，鱼儿上钩了。你的肾上腺素开始涌动，鱼儿拼尽全力想要挣脱束缚。最终，你捕获了一条鲑鱼。这一切的付出都是值得的。当然，这件事的风险在于，你在等待大鱼上钩时做了一件蠢事，不小心溺水了。

你如何能够节省学习交易的时间和成本呢？在此我真诚地推荐你参加一

所交易学校，就像我合作过的那所市场智慧交易学校一样。记住，学习交易只有一种途径，那就是真正地操作交易，没有替补方案。一所好的学校能够大幅提高你的学习技能。它会为你提供很多有用的信息，与你分享资深交易者的真知灼见，从而使你避开交易中常见的陷阱。

下面我来给你举一些例子，证明你可以从一所好的交易学校中学到哪些有用的东西：

1. 活跃的交易者必须理解和实践安全的资金管理。他们有什么样的选择？资深交易者的交易秘诀是什么？你如何评价和选择一套可靠的资金管理系统？

2. 没有流动性，活跃的交易者无法取得成功。当他们想要卖出时，必须有买家愿意接盘；当他们想要买入时，必须有卖家愿意卖出。找到特定股票的流动性或他们计划交易的商品是非常重要的。选择哪家交易所？选择何种电子通信网络交易平台？什么类型的订单是能够被接受的？最有效、最经济的路径是什么？非正常交易时段的流动性在哪里？

3. 活跃的交易者必须快速、准确地执行订单。哪一个电子软件平台是最好的？选择哪一家网络提供商？什么样的网络连接选项是最快速、最可靠的？什么样的硬盘是必不可少的？

4. 活跃的交易者必须了解电子市场从内到外是如何运作的。你如何交易能够避免由于失败的成交、订单延误、业绩下滑等带来的市场影响成本？

5. 活跃的交易者必须了解所有的玩家和他们的既得利益。你如何能够避免订单流失所带来的损失？你如何知道每一个关键玩家真正在做什么？你如何避免或如何利用牛市或熊市的陷阱？

6. 活跃的交易者需要管理好自己的订单平台，他们必须了解订单生成路径的复杂机制。在众多的订单路径中，哪一种是最有效的？什么类型的订单能够被接受，并且哪一种最符合市场的条件？

7. 活跃的交易者必须主要依靠自己做调研、选择交易。什么网站最可靠？哪一个不可靠？哪个网站传播信息最快？哪个网站提供优质、合理、可参考交易的信息？什么软件可以最好地扫描行业、股票或商品信息？什么网站或软件能够促使你做有价值的思考？

8. 活跃的交易者必须理解和使用技术分析。学习技术分析的最佳途径是什么？继续教育和深入思考的最佳渠道是什么？

9. 活跃的交易者必须选择一个甚至多个交易策略。你如何做呢？你从哪里获得想法、见解或培训？

10. 活跃的交易者如果打算在专门的交易大厅之外的地方进行交易，那么他们必须学会电子通信、网络连接、计算机硬件和软件等相关的知识。

以上内容只是你开始以活跃的交易者为职业所需的一些技能和背景知识。一所好的交易学校就能够提供这些东西，并能够指引你发现更多。永远记住两件事：第一，你从书中读到的任何内容都是过时的。如果我或其他人向你推荐了什么，记得确认这件事情是否仍然有效。第二，交易是非常私人化、个人化的一份事业。你所学、所读的任何内容都需要和你的个性相适应、匹配。

这就是你需要在自己的书面计划中开辟一块内容，专门记录你打算如何学习和继续自我教育的原因。学习如何交易是一段旅程，而非目的地。市场是不断进化的，它永远处于不稳定的状态。交易如同在密西西比河中航行，它明确地从北流向南。河面异常宽阔，从太空中俯视仍清晰可见。在任何人看来，你一个不小心就会颠簸不定。但如果你想驾驶一艘小船从圣路易斯到新奥尔良，你最好了解沿途所有沙洲的位置，以及它们如何不断地转变。否则，你就会发现你的船、船员、乘客和货物随时可能搁浅。

一份书面计划的指引

交易哲学和心理学部分

作为一名交易者：

- 我想要达成什么目标？
- 我为何想要交易？
- 在我的内心里，是什么促使我想要交易？
- 我想要达成的唯一一个最为重要的物质目标是什么？
- 我的唯一一个最为重要的心理学目标是什么？
- 这些目标兼容并包吗？
- 我的缺点是什么？我如何应对它？

教育部分

- 我的知识盲区在哪里？
- 关于市场如何运作的基本理解是什么？
- 交易技巧？分析？选择什么交易实体？
- 交易软件？网络连接，等等？
- 交易心理，自我，等等？

纪律部分

- 我如何能够跟上进度，保持对课程的学习？
- 尤其适用于我的交易规则是什么？
- 如何选择导师、意见指导者？

追踪部分

- 我如何评估自己？

- 交易日志、交易日记？

- 关于追踪、分析的统计？

资金管理选择

- 我个人的、交易等的预算是什么？

- 我能否承受成为一名全职交易者？

- 我每笔交易、每天、每周的损失上限是多少？

　　你的交易计划必须是包罗万象的，它描述了你的生活、个人、社交、工作、交易、财政、心理甚至是娱乐等的方方面面。你必须回答所有的关键问题：如何交易、何时交易、在哪交易、交易什么类型，以及最重要的交易是什么，为什么。

第六章

发展和完善你的交易特色

我年轻的时候居住在俄亥俄州的伊利湖畔，它是世界上最大的湖之一。泛舟湖上或冰上是生活在这里的人们生活中很重要的一项内容。每一个人和他的兄弟都或多或少地具备一些航行的能力并掌握一定的航行技巧。你可能认为在湖上航行是一项安全的运动，但我不敢苟同。

伊利湖中的沉船比其他知名的或不知名的湖中的沉船都要多，就像百慕大三角一样。原因很简单，相对于湖面的广度，这湖的深度其实很浅。当狂风袭来，你可能在短短几分钟内被 6 英尺或更高的浪吞没。当我还是一名青少年的时候，我曾经陷入这样的危机。当时我与 3 名同学驾驶着一艘12 英尺长的克里夫游艇前往衫点乐园（Cedar Point，美国的一家主题公园）打算享受沙滩和美女鱼的乐趣。黄昏时分我们驾船回家，当我们驶入桑达斯基湾时，湖面开始起风，并且天空下起了雨。几分钟后，我们被 3 ~ 6 英尺高的浪席卷，25 马力的约翰逊尾挂发动机几乎无法带领我们前行。我们的小船就像钓鱼线的浮漂一样在湖面上飘摇不定。最终，我们这艘飘摇的小船终于抵达了岸边。我们差一点就变成了伊利湖中幽灵俱乐部的成员。

几年后我再次来到了水面，这次是发生在北大西洋上的男人的战争。相似的风暴不知从何处钻了出来，事先毫无征兆。这次不同的是，海洋的广度和深度削弱了风暴的能量，这艘船的吨位排水量使得它平稳地行驶在恶劣的天气中。

这则故事的寓意是，你必须对交易的地点给予足够的重视，就像对你在哪里航行一样。如果你交易的是蓝筹股，比如日成交量以百万股计的IBM，那么可以说你行驶在海洋中。如果你决定选择MROI（MRO软件公司）这样的股票进行交易，它的日成交量不足50万股，或者是选择一份交易量很小的期货合约，比如O（燕麦），那么你就是行驶在湖面甚至池塘里。水浅的市场可能会发生剧烈的波动，其波动之迅速使得大部分交易新手来不及做出反应，这会将他们置于险境。

在湖中交易的挑战在于波动性和流动性，一笔或两笔大额订单就能够演变成一场狂风暴雨，使你的账户资金瞬间倾覆。例如，你花费1～2周的时间观察一只交易量稀少的股票。你注意到了一种能够盈利的模式，投入其中并操作了几笔成功的交易。这与我在伊利湖陷入危机并无不同。我们多次成功前往衫点乐园，没有发生意外。我们开始不以为是。然后，某一天我们突然被白色巨浪吞噬，葬身海底。

交易量稀少的证券要慎入，它们的古怪之处就在于，入市容易、退出难。这样的市场不乏卖出者，但买入者少见——至少你无法以预期的价格卖出，或者当你为了避免财政赤字开始贱卖时才会有买家出现。总是有人愿意卖给你证券，但你若要卖出要花费数小时进行讨价还价。在高波动性与低流动性之间，还是要避免进入交易量稀少的市场，直到作为交易者的你获得了足够多的培训，拥有了丰富的经验。

值得称赞的是，我们的父母坚持认为我们所有人都应该接受安全驾驶的培训（交易课程）。此外，在我们花费若干小时学习驾驶和接受经验丰富的舵手（导师）的严密监视之前，我们是绝不被允许独自驾驶船只的。救生衣

（止损指令）是必不可少的。培训与预防措施能够挽救我们的生命。当我第一次做期货交易时，不顾一切地投入了一笔木材合约，我感觉到了一种无望。幸运的是，我的导师在我深陷其中无法自拔之前将我拯救了出来。

如果你开始交易，尤其是在公开的交易大厅，你会看到交易的领导者在交易量稀少的股票间频繁出入。我强烈反对交易新手进行这样的交易。很多交易新手在开始交易的最初几周内就模仿资深交易者的交易模式，因此被迫离开了市场。相反，要按照你自己的步调开展交易。在海军陆战队中，罗斯中士曾经说过："你无法抛弃的东西，不要一直紧握在手中。"这句话尤其适用于交易，因为有一些股票和期货合约你永远无法轻松地抛售。一些导师会建议你在纽约证券交易所开展交易，或是买卖期货合约市场的主要谷类作物。原因就在于纽约证券交易所的股票流通规模和专家经纪人系统。谷类作物，尤其是玉米和大豆，通常有着充足的成交量，通常情况下进入和退出交易比较容易，且合约的规模不会受到限制。然而，你仍然需要面对所有期货合约的波动性以及交易时段内涨停或跌停的可能性。你可以考虑在谷类作物波动不那么明显的季节开展交易。

拿出你的"撒手锏"

关于市场前景的另一种考虑是你的"撒手锏"。你应该知道什么是撒手锏，它代表着一名演员的独特风格或惯用的表演方式。例如，乔治·博思（George Burns）总是扮演格蕾西·艾伦（Gracie Allen）的男搭档，露西总会让自己陷入麻烦，杰基·格力森（Jackie Gleason）总是扮演那个最伟大的人，罗德尼·丹泽菲尔德（Rodney Dangerfield）永远得不到尊重，汤姆·克鲁斯（Tom Cruise）永远扮演招惹麻烦的英雄人物。没有人比弗雷泽（Frasier）更虚荣浮夸，我们一直在等待大卫·莱德曼（Dave Letterman）的前10排行榜。你如何接近市场呢？你的撒手锏是什么？

几年前，我曾担任一些商品交易顾问（CAT）。在我承担这项工作之前，我花费了大量的时间对个人的交易风格和组织做了深入的评估，即尽职调查。我不想向我的客户推荐任何我不信任的并且不了解其交易风格的顾问。（在此过程中，我为一本书收集了足够多的信息，即《在期货管理基金中取胜：如何选择表现最佳的商品交易顾问》（*Winning with Managed Future: How to Select Top Performing Commodity Trading Advisors*）。）

在我研究这些交易顾问的过程中，有一件事逐渐变得清晰。他们每一个人都对其所依赖的市场拥有一套独特的相处方法，并且并不会因为市场的改变而改变自己的方法。例如，有一位交易顾问在进入期货交易市场之前曾在美国航空航天局担任过电脑程序师，他编写电脑程序以预测哪一颗小行星何时可能会撞击地球。他的程序需囊括数百条变量，从而预测出最有逻辑的结果。他将这种经验引入了期货合约市场。另一位交易顾问在步入交易舞台之前是一位古典音乐家和曲作者，他的思维能够理解一直变化的、不断重复的期货价格变动的本质。当我阅读杰克·施瓦格的三本关于"金融怪杰"的书时，我注意到他在书中描述的人群同样也对其所交易的市场拥有自己独特的方法。施瓦格的两本书主要描写商品交易者，第三本是关于股票交易者的。阅读这些书将有利于形成你自己的交易风格。

以我之见，你在发展自己交易风格过程中的第一步，是变成一位专家（一位某一方面领域的专家），或者每次计划学习一个领域内的专业知识。在本章中，我打算利用移动平均线深入探讨一项专门的市场交易策略或方法。移动平均线有成百上千种，我敢说每一个成功的交易者都有自己钟爱使用的移动平均线。交易新手通常会借鉴资深交易者的交易策略，有朝一日当他们变得经验丰富、能力十足时，他们就能够形成自己的交易策略。或者你也可以从某一领域开始交易，比如股票板块，你有着这方面的专业知识并随之扩展它。

例如，我认识一位市场智慧交易学校的学生，交易过一组 10 ~ 15 只蓝筹股构成的股票组合。这个人观察并交易相同的股票长达几十年了。在退休之际，他想成为一名更为活跃的交易者，随后他加入了我们的交易学校。毕业后，他开始对先前他投资并持有数月和数年的股票进行日内交易和波段交易。当时，他操作得非常好，这些股票在 5 ~ 10 点的通道内被交易得很好。当这些股票价格跌落到趋势线的底端时，他买入；当股价上涨至趋势线的顶端时，他卖出。这种方法的优点在于，它为他提供了充足的时间，以使他变得更加专业，试验其他交易策略和软件交易平台，最终能够在未知的水域开展航行。我认为秉承一种交易策略开展交易至关重要，待他能够完美操作这种策略时，再转去尝试其他的交易策略。永远不要急于通过交易而变富有，切记，切记！

每间隔 15 分钟发出一辆公交车

如果你错过了 8∶15 的一个交易机会，下一个机会将在 8∶30 出现。如果你想学习转手倒卖或波段交易、盈利、上市、期货分布不均衡、期权价差或是其他任何东西，在你的交易计划中记录下这些策略，将它们做好优先级排序。哪一个对你来说最重要？哪一个学起来最简单？哪一个最符合当前的市场特性？哪一个使你最快地赚到钱？然后一次学习一个，专注于形成可盈利的策略。

想一想练习场上的职业高尔夫球手与那些开心的业余选手有何不同。职业球员专注于一个俱乐部，他在练习时段能够挥出几桶球。他们不断地挥杆击球直到他们成为那个俱乐部里的专家。职业球员在俱乐部内每次的击球距离必须统一在 1 米以内，必须能够以任何角度向左或向右击出球，还必须能够打出漂亮的高弧线球和低弧线球，能够打出上坡球和下坡球，将球击出草丛和沙坑，等等。

而不善于打高尔夫球的业余选手会选择不同的俱乐部，带上装备和一筐球进行练习。他选择 5 号球杆练习了一会儿，然后再换短杆发几个球，然而他哪个也不擅长。业余选手一直停留在平坦的、精心修剪的区域内打球。这样的话，职业球员的击球为零差点，而业余选手的击球有 18 个差点就不足为奇了。

职业交易领域内的业余交易者被称作失败者，他们失去了尊重、信心与金钱。这种类比法最可悲的地方在于，无论是交易还是高尔夫球，其成功者与失败者之间往往只有一线之隔。杰克·尼克劳斯（Jack Nicklaus）在他职业生涯中最辉煌的时期，在四大巡回赛中的平均得分只比当年进入决赛的其他职业选手平均得分高 4 杆。当他比赛失败时，他默默无闻；当他赢得比赛时，他创造纪录。记得那名在额头中间留着卷发的小姑娘吗？当她表现好的时候，她创造佳绩；当她状态不佳时，结果简直糟糕透顶。在交易当中，你会发现同样的模式。当一名交易者赚了钱，他通常是赚到了一大笔。我把它称作通往成功之路上的一个大契机。交易的关键是在两次联赛的胜利之间生存下去，换言之，不要还没有挥出好球就已经败下阵来。如果你还不具备耐心和自律的品质，那么就有理由去形成它。

对于交易者能否取得成功来说，重要因素如下：多一些教育、激情、自律、资金管理，还有更多的耐心和计划性。换言之，交易者要取得成功需要得非常多。以职业交易为生就如同打入并保持在美巡赛一样艰难。但仍有很多人打出了零差点的高尔夫球，很多非职业的交易者仍可以将交易运作得很好。

现在让我们看看专业化是怎么回事。你可以成为某一只股票、某一个行业板块、某一种商品、某一类商品的专家，或者说你可以掌握一项交易技巧或是某种图表样式。例如，杰克·施瓦格在他的《金融怪杰》中提到的琳达·布拉德福德·拉舍克（Linda Bradford Raschke），她是《街头智慧》的联合执笔人，曾在公开场合表示，如果一名交易者能够把握住牛市的风向，那么他就能很好地交易。琳达拥有超过 20 年的成功的标准普尔期货合约交易经验，她知道自己在说什么。

我还知道一位交易者，他仅凭借交易一只股票——AMAT（应用材料），取得了很好的业绩。他通常只在市场开盘后的前 1 ～ 2 小时内交易，他知道开盘后的纳斯达克期货市场将如何回应开盘前的市场趋势，了解开盘后的市场走向，并能够掌握股票在交易 15 分钟后的趋势变化。他一天的盈利目标通常在上午 9 点或 10 点前就能够完成，这是怎样的一种生活呢？

一些专家经纪人所追求的是所谓的体系。它包括一系列高度可靠的经济因素和技术信号，表明了一只股票或一种商品接下来的表现。这里的关键词语是"高度可靠"，是指资金管理机制保护了交易者的资产。我在此提到的资金管理，特别指保护性地止损（包括实际意义上的和精神意义上的）、风险与收益、持仓规模以及在市场中停留的时间。记住，在市场中你能够完全操控的只有你选择进入一个怎样的市场（长线还是短线）、你所持头寸的多少、进入市场的时机，以及你交易的时间长短。其他任何事你都无法掌控。因此，你的注意力应该全部放在上述的几个方面。

解释控制和专门化概念的最佳方式是去观察几个例证。我会讲解一种简单的策略，它对于引导新人进入活跃的交易是有效的，但若想涵盖一切的可能性是无法做到的。我相信你还记得我在第三章中提到的，有数百种技术研究可以用来操作成功的交易。一名交易者专注于一项研究，将它发展为自己的撒手锏。有时，交易者或者合伙人会想做一些宣传，他们出一本书或者组织研讨会。换句话说，你有很多种途径接触各种交易信号，进而可以形成自己风格的交易策略。另外，有上百个网站为你提供交易思路。我的建议是，选择最简单的方式作为交易的开始，直到你完全掌握了这个软件，并且彻底明白订单产生的电子路径。我并不打算在本书中详细讨论订单路径的问题，因为它们变化得太快。就在你读到此处时，它已经发生了变化。通过浏览网站或者上一所交易学校学习它吧。

从我们先前讨论的关于技术分析的内容中，你了解到它体现的是历史数据，即便你现在正在查看的图表也仅仅体现了过去某一个时刻的数据。此外，若要理解技术分析，你必须准备好接受另外两个原理。第一个是你在高中学到的一条古老的物理学定律：一个物体的运动状态保持不变，直到其他的作用力改变这种运动状态。换言之，一个市场的趋势——向上的、向下的或是横盘的，它们通常保持不变，直到发生了一些事，通常是新闻改变了这种趋势。原因很简单，我把它称作人类身上的旅鼠效应。当面对未知的事物时，人们趋向于聚集在一起。在市场中，这个巨大的未知就是，某一只股票的价格在未来 5 分钟、5 小时、5 天、5 个月、5 年会是什么样的？因此，当一只股票或商品的价格正在走高时，大部分交易者会对它感兴趣并继续购买。博傻理论广泛流行，因为每一个买家都在寻找一个更大的傻瓜接手他的股票以赚取利润。贪婪统治着这个交易圈。

有时，一些新闻渗透进市场造成了交易者的恐慌，此时恐惧占据了舞台的中心。这些新闻可能还没有传遍整个交易圈，或者被交易的资产价值过高，或者有影响力的顾问使大众相信资产的价格过于高昂。每股 200 美元或 300 美元的股票可能无利可图。你有没有在安然股票达到高点的时候持有过它？很多人持有过。或者你买过每磅 1 美元的猪肉吗？当糖的价格超过了每磅 45 美分，原油价格超过每桶 25 美元的时候呢？回顾这些价格时，我们会惊讶地发现，当时怎么没有预见到这些价格泡沫会有破灭的一天呢？

交易从来不晚。有谁会考虑丢下一样好东西转身离开、当亚马逊每股100 美元时就停止买入呢？没有人想这样。当贪婪支配着市场，我们人性的弱点就充分地暴露出来了。当然，贪婪的背后紧跟着恐惧。那些披露已经攀上高点的股票的负面新闻的人，已经着手抛售股票了。首先，这被称作利润攫取。很快我们就会知道泡沫已经破灭，这就好像一团乱麻。

在这些异常的波动中，技术分析会警告你、保护你。并且，在我看来，如果你保持理智，技术分析确实可以发挥作用。如果你向贪婪和恐惧屈服，那么没有什么能够帮到你。当价格达到峰值时，交易量可以指引你，它会给你退出的信号。但这并不意味着在价格达到高点后交易量不会反弹，资产价格进而愈发高涨。这种情况可能发生，但它很容易崩盘。正如前面提到的，你可以因为卖得太快而变富有，却无法通过卖得太慢而获利。让技术分析束缚住你贪婪和恐惧的本能。记住，是人类一手创造了图表中的价格模式。

现在，我来为你简单描述一个职业交易者的撒手锏。首先，我必须向布莱恩·香农（Brian Shannon）道歉，他是一名职业交易者，同时也是市场智慧交易学校的技术分析教员，因为我将他的交易方法过分简单化了。在所有交易方法中，很多细微的方面被忽视了。我的目标是要为布莱恩交易的众多方式中的一个做简单的概述，以表明这种方式如何能够简单、有效地完成交易。请记住，这仅仅是对布莱恩所掌握的和使用数年的众多交易策略中的一个的综述。布莱恩的交易策略随着市场的变化而调整。随着你的交易经验的日渐丰富，你会看到你最初学来的很多交易策略已经过时了。市场就像海洋，永远在变化而永远都不变。你的初始设置被新的设置所替代，因为你和市场都在不断进化。

交易是一段漫长而艰险的旅程

这里有一个实证，证明了一个交易策略是如何快速地消失在交易大厅的。当我 5 年前第一次参与日内股票交易时，当时最为流行的、最可靠的交易策略之一被称作"跟随斧子走"，斧子是指在纳斯达克某只占据统治地位的股票的做市商。比如贝尔·斯登（Bear Stearns）和美林证券（Merrill Lynch）就曾管理过思科（Cisco）。当你看到斧子出价，不妨加入他，让斧子带领股价上涨 25 个点、50 个点甚至更多。交易者通常通过 SOES 购买 1000 股，进而加入斧子的行列。SOES 代表了小单执行系统，它基本上是纳斯达克市场的电子通信网络交易平台。做市商有义务履行交换规则，承兑小单执行系统接收到的第一笔订单。他们无法"弃之不理"，这是做市商之间的共识。你可以随时登录纳斯达克的网站，按照你所感兴趣的股票的成交量查阅重要做市商清单。

斧子通常会为了一个客户尝试买入或卖出大额股份。例如，斧子为了完成一笔机构的订单可能需要 50 000 股，比如退休基金或共同基金。斧子为了完成订单会压低股价，客户在价格上可能会留给斧子 2 美元上下的调整权限，给他们一些回旋的空间。如果有过多的交易者的出价高于斧子，斧子可能会暂时退出或者加入其他人的出价，但不在内部出价。但是，股价迟早会回到出价的位置，带动股价上升。这是一场大型的猫鼠游戏，他们通过阅读二级报价显示屏和买卖交易显示带进行智慧的较量。目标是依靠这 1000 股的出价获得 500 美元或更多的盈利。

"跟随斧子"策略就像曾经有名的细盘撮合系统一样，它将每日电子交易信息投射在个人的显示屏上。远离跟随斧子的交易策略是小单执行系统规则的修正，这些规则有利于做市商和十进制。新的小单执行系统建立了股票的分级制，减少了做市商在该系统下达的一份订单中必须买入或卖出的股票份额。因此，交易者在这个系统中不必总是交易 1000 股。做市商为了在内部市场保持高位不得不提高报价，而十进制的应用大大降低了他们的出价，因此使其能够提供最好的价格。现在做市商仅提高 1 美分就能够保持在市场顶端，而过去则需要高出 0.0625 美元或者更为普遍的 0.125 美元。这些小数乘上 1000 股，你会相应地得到 62.5 美元和 125 美元。对于日内交易者来说，财务激励已经不存在，因为做市商能够更轻易地对交易进行包装，通过增加或减少 1 美分而改变他们的出价。

出于这样或那样的原因，我强烈推荐你在开展交易的时候请导师陪在你的身旁，请导师指导你在波动起伏的市场中找准位置，适应它。

现在让我们回到布莱恩的交易撒手锏。首先，他会挑选出一份自己感兴趣的股票清单，称它为观察列表。这是一份满足他自己设计的标准的证券列表，它提供了多样化的交易机会，覆盖了每天长线或短线的市场。不论他是否在交易，他都随身携带这份列表将它和现金放在一起。我的观点是，你不能低估形成一份自己的不错的观察列表的价值。对于布莱恩而言，这与他手中货真价实的钞票具有同等价值。

当你初次开始交易时，你打算如何使用你的观察列表呢？更重要的是，你的选择标准是什么？这是一个你可能需要一些专业援助的领域。标准会依据你所交易的市场的复杂程度和你的经验值而改变。例如，布莱恩有多年的交易经验，每一个交易日，他在开盘前 1 小时就已抵达他的交易场所，然后待满一整天的交易时段，在收盘的 1 小时后才会离开。1 年大约有 220个交易日。他交易的很多只股票对于我的口味和经验来说都太过清淡了，但他有自己独特的技能，能够驾驭这些交易量稀少的股票。因为这些股票的日成交量很低，正如我们之前所讨论的，其股价都不太稳定。波动带来机遇，而机遇的另一面是风险。

因此，你必须花费大量的精力选择将哪只股票或期货合约放进你的观察列表。关于期货交易的选择并不难，因为相对于股票来说，它们的选择范围小了很多。初始阶段，我只推荐美国境内的交易所。这并不是出于爱国主义的考虑，而是流动性成就了我的此番想法。此外，你会得到一些来自商品期货交易委员会和美国期货协会的监管保护。另外，没有那么多的行业或类别需要评估。这里有一份关于你的选择的简单汇总：

- 谷物类。包含玉米、燕麦、黄豆、豆油、豆饭和小麦。
- 肉类。包含活牛、瘦猪肉、猪肚和奶牛。
- 食品和纤维类。包含咖啡、可可、糖、冷冻浓缩橘汁、棉花和木料。
- 能源类。包含原油、热油、汽油、天然气、丙烷和电力。
- 金属类。包含金、银、钯、铂、铝和铜。
- 金融类。包含货币、债券、单一股票期货合约、大小股指期货指数。

到底选择哪种期货合约进行交易则取决于成交量、波动性和季节性。一些交易标的是人们热门的选择，如债券或标准普尔。而其他交易标的，像燕麦和木材，有时则会大幅下挫。以我之见，相对于股票来说，期货的季节可预测性更强一些。原因很简单，供需之间的较量就像拔河比赛那样真实而容易理解，因为很多期货合约代表着真实的商品交易，这些商品只在一年中的某些特定时刻才能够被生产出来，直接或间接地被人类和动物所使用、消耗。如果世界上出现了粮食短缺，就会引起我们所有人的关注，更别提当巧克力和咖啡的供应出现短缺或过剩。在等式的需求一方，一年中的某些时候，无论其价格高低，一些实物商品是必不可少的，就像热油。

对于刚刚开始进行期货合约交易的交易者来说，我的建议是使用技术分析选择那些短期的交易进行操作，并且要选择流动性高、波动性低的合约。谷物和金属类是个不错的起始选择。一旦你能够娴熟地使用你的交易技能，你就可以进展到波动性更大、风险回报率更高的交易标的，如债券、股指、货币等。

挑选股票进行交易的人则有更宽泛的选择空间，你能够在《投资者商业日报》(Investor's Business Daily) 中发现近百种股票类别。该日服中有研究不同板块股票排名的内容，这对于初始交易者来说具有很好的参考价值。

另一种可能是，选择那些你作为投资者时熟悉的股票开展交易。先前我们讲过，一位交易者在退休后选择了他退休前长期持有的股票进行日内交易和波段交易。这种交易策略对于这名交易者来说是有效的，因为他非常善于分析并且自律性很强，但这种交易策略本身有着致命的缺陷。太多的交易者对于他们极其熟悉的股票有着异乎寻常的感情，这会是一个明显的障碍。短线交易必须保持冷酷的理性。

损失的头寸，更重要的是正在亏损中的头寸，必须及时舍弃。此处强调的是，呈现亏损迹象的头寸。这样做的原因是，你永远不知道接下来市场会发生什么，也不知道会出现什么样的新闻或谣言导致目前的趋势变本加厉。你首先需要担心的就是生存。在交易的过程中务必时刻使用止损指令。如果它们失效，你就会出局。你可能会承受双重损失，但这就是游戏规则的一部分。如果你对某一只股票情有独钟，当它开始亏损时，你会倾向于持有而非抛售。迟早这会让你付出高昂的代价。

对于职业交易者来说，熟记一份包含 100 多个股票代码的清单而不知晓这只股票的名称或代码背后的公司是常识性的。使用股票代码进行交易是保持职业独立性的好方法。我发现实物交易者会遇到同样的问题。当一位种植玉米的农民遭遇了一场干旱时，他的玉米只剩下原有产量的 1/10，试试让他放弃这份亏损的长期玉米期货合约。有时，我们只是无法跨越心理上的栅栏。

如何让一位短线交易新手选择他的股票清单？答案之一是听从专业分析人员的建议，但也正如我在引言中所讲述的，网络中的大量财务信息会让专业分析员显得迂腐过时，更不要提他们似乎无法超越的利益与丑闻的较量。一个更好的答案是过滤器。过滤器是一种简单的工具，用来根据当地特别的经济条件筛选股票或审视交易活动。如果你打开谷歌搜索引擎，搜索关键词"股票过滤器"，你会发现很多网站提供你所需要的这些信息。对于交易新手来说，最难的部分是确定最有意义的筛选标准。这确实需要一些经验，在此我列出一些经常用到的筛选标准：

- 价格水平。以每股 25 美元或更低的价格交易股票。
- 波动性。在最近的 5 个交易日内，股票的波动性增加 20% 或以上。
- 成交量。股票的日平均成交量超过 100 万股，并且超过日平均值 10% 甚至更多。
- 行业。高波动性和成交量快速增长的行业。
- 价值参数。最高的市盈率等。

以何种股票开展交易由你决定。一般来讲，对于一只日成交量超过 100 万股的股票，你想要随时抛售它是不成问题的。下一个选择标准可能就是价格。你应该以交易少量的股份作为开始，比如 100 股。当你变得越发熟练、越有经验时，你就可以进展到进行 1000 股的日内交易和波段交易。因此，在你交易 1000 股的时候，审视一定范围内的价格，并且不要拿出过多的资本金去冒险。

如果你的交易账户内有 30 000 美元资金（包含日内交易保证金在内，你有 120 000 美元的购买力），需要交易 1000 股，那么你的最大止损额是多少？此处你需要做出一些粗略的估算，当你的经验更加丰富时，计算就会变得更容易，你需要把止损点设置在支撑点以下、阻力点以上的区域，这取决于你做的是长线交易还是短线交易。一份股价不超过 30 美元的短期交易，按照 10% 计算其止损额为 3 美元，这时的风险回报率就很高。如果你的风险回报率是 1：2 或 1：3，你就是在冒着损失 3 美元的风险分别赚 6 美元或 9 美元。虽然这个风险回报率是可行的，但每天赚 6 美元或 9 美元则不大可能实现，除非在波动剧烈的时期。更普遍的做法是，将止损额设定为小于 1 美元。

然而设置止损和赚取利润更多的是支撑与阻力的作用，正如我们即将看到的。对于资深交易者来说，设置多重风险回报目标是更普遍的做法。例如，在一笔长期交易中，第一回报水平可能就在第一阻力水平的位置。如果价格以强成交量穿过了第一阻力水平，那么交易者将继续持有股票直至第二阻力水平。如果当价格抵达第二阻力水平时，价格表现与成交量都保持在稳定的状态，那么交易者可以继续持有股票直至第三阻力水平。回报越高，你参与交易的激情就会越高。因此，我们才会说选择交易的股票，其股价不要超过 30 美元 / 股。

波动性是下一条标准。你应该选择以什么样的波动性开展交易呢，低的、中的，还是高的？再一次，这需要用经验判断。如果这是你的交易生涯的第一天，你开始了解交易平台的运行机制，通过阅读交易显示带和二级做市商电子交易屏幕获得自信，你可能需要选择一只相对稳定的股票作为开始。最重要的是，交易真实资金的这份压力，这是你自己货真价实的钱。这确实需要去适应。

筛选工具会问你，你希望搜索什么样的交易时段。对于短期交易者，交易日的最后45～60分钟是一个不错的筛选价格、交易量和波动性的时段。此外，你需要指定搜索哪一个交易所的股票，纳斯达克是最可能被选到的，并且你还可以选择一个你熟悉的行业以缩小搜索范围。行业的选择受当前的经济和政治条件影响。

记住，这是一个试错的过程，第一次尝试很少能够得到一份令人满意的候选清单。此外，这不是一个新兴的工具。当你在 Google.com 上登录最初被你搜索出来的网站时，你会发现大量的前人开发过的想法。一个非常受欢迎的网站是 Tony.Oz.com。Tony 以其过滤筛选功能而出名，这被他称作扫描，你可以在这个网站上尝试一下。这里是一份该网站最受欢迎的扫描工具的说明。

- 10-1/2 周。它可以搜索价格正在走高的股票，并且是新的 53 日高点，与伴随着成交量增加的股票区别开来。
- 缺口。在这里，Tony.Oz 扫描出有价差缺口并继续在此缺口上交易的股票。成交量是一个关键的决定性因素。交易缺口并不适用于业余交易者，因为敞开的缺口预示着力量的增强，或者仅是昨晚发生的一些意料之外的事情的结果。一旦消息走漏、股价跳水，缺口就会关闭。
- 底部搜寻。这个工具扫描的是连续数个交易时段以低价格成交的股票。它寻找价格已经触底或抵达阻力水平却蓄势待发有望回升的股票。
- 摩天大楼。这与底部搜寻的功能正好相反，它搜寻的是已经撞上阻力水平并会继续走低的股票。正如 Tony.Oz 的其他筛选工具，这个工具会参考成交量。

以上内容仅是对 Tony.Oz 的部分过滤器的介绍，你需要花费一些时间在这个网站或其他网站上寻找更多相似的内容。然后，测试几个过滤器。它们适合你吗？你可以将你使用过的过滤器当作撒手锏吗？你会发现Tony.Oz 的过滤器已经被嵌入了交易软件平台。例如 Townsend Analytics

的 RealTick 平台，使你能够轻而易举地将过滤器筛选出的股票添加进软件交易平台的观察列表窗口。RealTick 平台还可以使用另一种过滤器 Hot Trends，它能够在交易时段内持续扫描纳斯达克的股票，提示交易者交易机会，比如出现价格异常的或者成交量异常的股票。这款过滤器也非常有效。

分析麻痹

一句警告语："避免分析带来的麻痹"。你从一个大型网站浏览到另一个网站，却无法做出任何决定，这种情况极易发生。这是你的导师的另一项工作，所以你在制定第一份观察列表的时候要听从导师的指导。

回到布莱恩的撒手锏，他从不使用任何过滤器或扫描工具。他通过研究股票的技术参数制定自己的列表。每天市场开盘前，他浏览若干的新闻网站，The Drudge Report 是他最喜欢的报告之一，他在其中寻找能够影响整个大盘走势的新闻。他偏爱不会受到盈利报告和新闻报道影响的股票。当他找到符合条件的股票时，他会做一些技术分析。永远不要随机地、偶然地选择股票。这是你在交易前必须知晓和遵守的最重要的惯例之一，相当于狙击手在出发前整理装备。如果在开盘后，你仍然没有做好准备，不知道该选择什么样的股票进行交易，那么请立即停止当天的交易。

交易中请遵守 7P 原则

"提前进行适当的计划可以防止糟糕的表现。"这是罗斯中士曾经告诉我们的。有几件事，我重复强调几遍都不为过，做好准备是其中一件。一旦你开始交易，不应该因为任何事分心。

每天清晨，布莱恩拿出他的观察列表，仔细审阅列表中的每一只股票。他通过审阅一张 45 日图表来完成这项工作。他在寻找切入点（见图 6-1）。对他来说，切入点就是一份图表信息，它能够显示这只股票从未来几小时到几天内的走势。在这个例子中，我们可以说他寻找的是一个突破口。这只股票（或商品）已经连续几天价格下跌了（阶段一），它已经抵达了支撑区域，并且开始横盘（阶段二）。随后交易量上涨、股价开始走高（阶段三）。下一个阻力区域要高出 2 美元。换句话说，这只股票还有 1 ~ 2 美元的上升空间。以 1000 股的交易份额来说，这会是一个不错的盈利机会。如果这是一个周五，布莱恩或许会选择错过这个机会，根据成交量上涨的势头，等到周一再着手交易。他在周五的时候只做日内交易，因为他想在周末平仓。在周末持有短期头寸不是股票市场的生存之道，若要求生存必须一直保持小心谨慎，并要避免一切不必要的风险。像安然公司那样的丑闻可能会带动整个市场下行，而你没有任何办法阻止。你在波段交易中持仓过夜同样充满了危险。

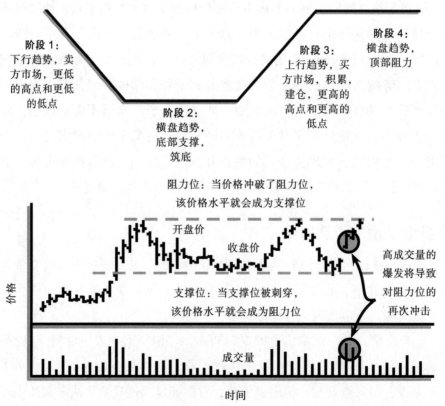

图 6-1　市场阶段

　　市场上行，下行，横盘。交易者必须了解整个市场所处的阶段，交易的股票所属的行业，以及资产本身所处阶段。如果上述的任何内容没有保持同步，趋势逆转的风险就会增加。

　　当布莱恩在 45 日均线图上找到了突破口，他会寻找这只潜力股的其他方面。例如，查看最近 5 个月的日线图，以显示最可靠的支撑区域和阻力区域。他会标记出来或记在心里。记得在我们之前对技术分析的讨论中，支撑位阻止价格下跌、阻力位限制价格走高。他也从 5 月线图中确定了这只股票长期来看处于哪一个阶段（例如，基础建设、看涨、最高点、看跌——参考第四章的内容），以及长期趋势是什么（上行、下行、横盘），这张图还显示了日均成交量和波动性。自然，布莱恩会描绘出 10 日均线和 20 日均线以揣测长线投资者的想法，这样他就能够确定供需情况了。他还一直在追踪纳斯达克 100 股指期货的走势，以及目标股票所在行业的优势和劣势。对于一位资深的图表专家，通过使用像 RealTick 这样的交易平台，上述一切分析仅花费他 1 ~ 2 分钟的时间。

　　一旦布莱恩感到长线图中没有任何潜在的问题，他就会转去看短线图。他必须让自己熟知该股在短线图中处于什么阶段。他在考虑买空，而这只股票正处于上涨阶段，太完美了。短线和波段交易者更加偏爱 60 分钟周期图。每一个柱状代表 1 小时的交易。你需要生成一张图表，能够提供至少 45 天的交易。一张 65 日的图表则更加完美，因为它代表了主要交易所两周内的交易情况。（这是软件平台正在使用的一项功能。）主要的交易所一天开盘 6.5 小时，一周 5 天，或者说两周 65 小时。正如我们在第三章讨论过的，均线可以提示你未来的局势，警告你在趋势中进行调整。

　　在 60 分钟图上，布莱恩绘制了 65 分钟和 130 分钟的均线。在这个例子中，均线表明了长期的趋势。当你进行短线交易时，同你做长线投资一样，必须将趋势作为你的后盾。布莱恩绘制了 8 分钟和 17 分钟均线图以监测短期趋势，并将其作为进入和退出的信号。当你第一次以这种方式开展交易时，它能够帮助你在电子交易平台的图表中标记出支撑区域和阻力区域。多数交易平台都提供这种功能，你可以轻松做到。有时，你会认识到它们正在成为你的第二本性。

同时也请记住，所有的技术分析员不会使用同样的均线。有一些分析员倾向于使用长期均线，有些则使用短期均线，如10日、20日、50日和200日均线。布莱恩则形成了自己的均线（8分钟、17分钟、65分钟和130分钟均线），以便于更好地匹配交易日内持续6.5小时的开盘时间。一个正常的交易时段有390分钟（6.5×60分钟），因此不可能再对一个交易时段进行划分，这正是布莱恩使用8分钟、17分钟、65分钟和130分钟均线作为小时图的原因。在你发展成为一名交易者的过程中，你会知悉什么样的方式方法最适合你的风格和经验水平。

下一步就是将60分钟图与日线图做比较，以了解趋势与支撑阻力位在什么位置是步调一致的。这为你提供了一个更好的分析角度。当你对技术分析掌握得更加熟练时，你就会发现方向性的指标愈趋向一致，这个信号就愈加强大、可靠。布莱恩也会使用10分钟、20分钟、50分钟和100分钟均线，20分钟、40分钟、100分钟和200分钟均线，10分钟、20分钟、50分钟和100分钟均线，对比检查10分钟—10日、5分钟—5日和2分钟—2日图。

价格很少会稳定地上涨或下跌，它们通常会阶梯状地上升、急匆匆地下跌，有时会呈现怪异的变化趋势。价格变化的势头会因为超买超卖、看涨看跌而不断变化。股票或期货合约在任何时候都难以达到供需平衡的状态。如果价格在长期均线之上，则这只股票就会被认为是看涨的。如果价格在长期均线之下，则这只股票被认为是看跌的。自然，如果信号是看涨的，你就会准备做多头交易或买入。如果是看跌的，你就会卖空。

短期均线对价格的波动最为敏感。10个区间的均线首先改变方向，随后是20、40、50、60、100和200个区间。或者使用布莱恩的均线，8、

17、65 和 130 个区间。（商品交易者可能更多会使用 4 日、9 日和 18 日均线。）对于长线交易，其买入股票的信号要看你的支撑水平。在看涨期间，股票是否正在接近跌势或回落？支撑位能否坚持得住？如果支撑位坚持住了，并且最短的均线出现好转，则是时候亮出你的武器了。在你的电子交易平台上单击下单界面，输入股票代码、股份数额、订单类型（我推荐你尽量使用限额订单）、路径，然后单击购买按钮。

在操作一笔完整的交易之前，先来计算一下这笔交易的风险回报率。这需要两步，步骤一是确定止损订单下在何处。对于一笔长期交易来说，它应该设置在下一个支撑水平的附近区域。当选择止损价格的时候，你同时要考虑近期的波动性。如果距离下一个支撑位还有很长的一段距离，比如还相差几美元，而每日交易波动范围在 1 美元左右，那么可以考虑设置 1.05 美元的止损价格或者就定在每日交易波动范围以内。一些交易者设置了固定的比例，通常使用 5% 或者更低。当价格到达这个点时，你的限价订单就会成为市场挂单，正常情况下，你会以不超过 1 美元的损失将股票卖出。商品交易者在评估波动性并设置止损价格时，也必须考虑限制交易天数。在一个 1000 股股份的交易中，损失就是 1000 美元，或者 30000 美元资产的 3.33%。再糟糕一些的情形是，股票跌到下一个支撑位，有了 2 美元的差距，你因此损失了 2 美元。更为糟糕的情形是，这只股票所处的行业乃至整个市场发生了巨幅波动。如果行业和市场的整体趋势是上行的，那么这只股票进一步下跌的风险就会呈几何级数减弱。这就是要持续追踪这些因素的理由。

现在我们来确定股票上涨或回报的潜力。如果你期待的风险回报率是 1:2，那么就不会有阻力阻止价格再上涨 2 美元。如果没有阻力阻止价格上涨 3~4 美元，那就更好了。一些人可能认为 1:2 的风险回报率太低，但我们讨论的可是日内交易或者极短期的交易。我们的预期是在一个交易时段内操作多笔交易。一个交易时段内的若干水滴可以装满一个大水桶。

当你计算这些数据时，也要估计好你在交易中所花费的时间。交易持续的时间越长，风险就越高，可能出错的地方就越多。你承担了风险，就会有回报，或者至少可以说你有得到充足回报的可能。因此，如果你为了增加 2 美元的收益或者得到 1 ：2 的风险回报率，需要持有一只股票长达 4 天的时间，那么还是放弃吧。评估实现一个行动所需的时间是最好的投机。凭借经验，你可以观察 30 天内的每日均线，并依据波动性和成交量趋势做出一个好的判断。

基于这一点，关于交易应该如何展开，你应该已经有了一个很棒的想法。在交易中存活下来的关键就是将交易在头脑中具体化、可视化。也就是说，你在自己的头脑中将交易操作一遍。如果真正的交易并不如你想象的那样展开，你就需要摆脱困境。例如，你展开了交易，而股票期货指数开始一路走低，股票上涨的趋势停滞，成交量下滑，那么你需要退出交易。

我想花一些时间讲一讲成交量，因为它也是关键因素之一，至少对我来说是。如果波动性是市场运行的速度，成交量则是它的运行动力。它是提示你市场方向改变强弱的指示牌。花一些时间研究一下价格图，以寻找股票或商品出现大幅方向性调整的转折点作为开始。首先使用长线的月度图表，然后检查图表底部的交易量柱状图。观察成交量如何改变。它可以是上升的或下降的，但与前一个交易时段相比，它确实发生了变化。

回想一下我们对供给与需求的讨论，它正好解释了为什么当很多买家哄抢一只股票或期货合约时，其成交量就会上升。当然，这也会导致股价的上涨。反之亦然。如果交易圈中的每个人都决定抛售股票，成交量就会上升，价格则会下跌。如果成交量枯萎，则价格也会下跌，这样市场中就不会出现买家。此时，市场被称作"失去了自身的重量"。你要密切关注价格跳空走高、走低或造成限制活动的位置点。密切关注成交量的好处在于，你会发现每一次股票发生方向性改变之前，成交量都会发生变化。这是因为，不是每一个人都能够同时对股票或期货合约受到新闻影响这件事产生强烈的反应。这也是为什么证券和交易委员会对内幕信息如此敏感的原因。一个经典的案例是安然事件。公司主要高管在得知事情并不像对外界（包含员工）宣称的那样的情况下，一边抛售股票，一边告知公众一切安好。最终随着每股价格的下跌，成交量增加，再后来股价发生了跳水。

如果你对长线图中的大幅变动感觉很好，那么可以转去看看周图、日图，以及小时图、分钟图。成交量以及趋势变化首先在长线图表中体现得更为显著一些。接下来需要关注成交量的细微变化，它预示着1/2个、1个或者2个点的变动。同时，选出你将放置止损订单的位置，标记出这些图表，并与你的导师进行探讨。

实物商品（如谷物、金属、软商品和肉类等）的交易者，通过对商品进行套期保值以支撑他们的市场，可以将他们的未平仓成交量分析与交易者持仓报告结合起来进行参考。在一定程度上，对商品进行套期保值的人等同于股票市场中的机构购买者。未平仓合约量化了每个交易日结束后多头或空头的期货合约数量。它们都是持有过夜的合约。未平仓交易量体现了每一个市场中的大型分部的看涨或看跌的形势。而这份由商品期货交易委员会（www.cftc.gov）在纽约东部时间每周五下午3∶30提供的交易者持仓报告，包含了一份关于上周二所有期货市场中拥有20位及以上交易者持有的需申报头寸的期货合约交易明细清单。第二份交易者持仓报告包含了期权的内容，同样值得研究跟进。谁持有了什么？未平仓交易量上升了还是下降了？了解到谁持有商品是很重要的，因为套期保值交易者会对商品进行实物交割，以将其使用到生产制造环节中，比如，将铜用于电子设备的制造，将玉米和大豆用于牲畜喂养。随后，你就会知道价格即将到达底部或者至少达到支撑位。

好的交易者就像雪花

尽管大多数交易者彼此之间很相像，但有着顶级表现的交易者似乎拥有独特的市场应对策略，有些人称其为市场优势。例如，我们的朋友布莱恩，使用短期利益指标作为预测趋势变动和预示离开市场的信号的方式。他喜欢监控短期指标的原因有两点。首先，短期职业交易者通常比一般交易者拥有更强的市场观念。更重要的是，布莱恩从其经验中总结出，很多大的波动是由于华尔街惯用的一个伎俩造成的，比如逼空。

当短期交易者确定某一只股票即将走低时，他们就会进行做空投机。一旦价格回升，他们就再行买入以赚取差价。但如果他们判断失误，抛售股票后股价反而一路上升该怎么办呢？他们应该等待多长时间？他们何时会认输，以一个更高的价格购入股票并承担这个损失呢？这真是难以回答的问题。当做空者试图弥补损失的短期头寸时，做市商和专家经纪人就变得像海底的鲨鱼一样搜寻、捕捉血的味道。他们不断地买入、买入、买入，从而驱使价格升得更高，逼迫所有空头浮出水面，而他们通常已经损失了重要的肢体。

布莱恩尤其了解他所关注的股票的价格和做空的规模，当逼空情况发生时他会收到提前的警报。他自然打算利用这个机会，所以会监控各大网站以追索做空的情况。这种方式与交易者持仓报告所做的商品交易追踪并不一样。

当你在分析、研究图表时，想一想你的交易计划。你想在交易中寻找什么？你是否计划在每一个交易时段，扣除了佣金和500美元、1000美元甚至更多的损失之后，还能够赚取5个点、10个点甚至再多半个点的净利润？或者你是否想成为一名波段交易者，利用一周的时间赚取大额的利润？磨炼好你的图表阅读能力，赚取你期望时间框架内的利润。在你将计划付诸纸上之前，不要开展交易。绝对不要制订模棱两可、含糊不清的计划。你必须明确写出你期望在每天、每周、每季度和每年要达成的目标。这是唯一能够了解你是否偏离轨迹以及何时必须做出调整的方式。

不要将上述讨论看作关于成交量、波动性、交易策略或是其他什么事的模糊的描述。不要仅仅局限在阅读几本书，而应该前往图书馆查阅每一部分的内容。本章的目的仅仅是给你指明方向。

第七章

强化你的技巧

现在你应该思考，你的交易技巧到底是什么。这正是探索你如何增加自己成功概率的好时机。并且要注意，有一些区域你应该尽可能地避免触碰，至少是在开展交易的初始阶段。

首次公开募股（IPO）这个概念非常吸引人，它意味着机遇与风险并存。它是指股票首次向公众募集。比如，一家私营公司已经持续经营了一段时间，这段时间可能是数月、数年甚至是数十年。出于各种各样的原因，企业主计划上市。企业主可能想在退休离开公司之前想拿回他的钱，或者想将公司在家庭成员或员工之间进行划分，股份的划分则相对容易一些。一些公司濒临破产，于是将上市作为最后的一搏。最令人振奋的首次公开募股通常是那些怀有巨大想法和机遇的公司，它们的管理层想通过公开融资实现这个梦想和机遇。目前最为普遍的一种情况是，一家网络公司在初始阶段小本经营，由于风险投资的引入逐渐扩大了规模，而后的经营使得企业主、投资人和员工都得到了丰厚的回报。

从传统上来说，公司上市通过经纪公司承销其首次公开募集的股票。股票承销费用意味着要使上市的过程满足所有法律法规的要求，再加上组织、筹措资金、营销等行为，费用惊人的高昂。作为回报，经纪交易商的费用是从收益中划拨支付的，在上市前，他们控制着能够购买新股的人数。这个过程是通过证券交易委员会负责审阅的发行备忘录来操作完成的，上面包含了投资人在投资前需要了解的所有信息。主要经纪交易商可能会组建一个承销团，作为投资者或者交易者的你有两种方式购买新股。首先，如果你是承销公司的大客户或者是承销团的成员之一，你就可以在公司正式上市前按照预定的价格购买股票份额。几年前，当上市还炙手可热的时候，一些公开募集的原始股份是可以通过主要的网上经纪交易商发行的，但它并不是传统意义上的发行场所。如果你没能买到配售股，你可以在公司上市的第一天从交易所购买股票。在交易所进行的公开交易被称作二级市场交易。

当股票在第一个交易日就成为"抢手的证券"时，整个过程就变得令人兴奋了。抢手的证券是指证券价格的上涨，就像一头熊被一群大黄蜂追赶。在网络公司腾飞的年代，市场火热程度令人震惊。VA Linux 系统（VA Linux Systems）曾经创下一日之内，股价从开盘时的 30 美元 / 股飙升至 320 美元 / 股的高度，最终以 250 美元 / 股的价格收盘的纪录。1998 年纪录的保持者是红帽软件（Red Hat Software），它的股价在当年的涨幅达到了 1837%。在那个失去理性的繁荣时期，在纳斯达克市场上，公司上市后股价仅翻一倍或两倍的情况比比皆是。如果我没有记错的话，发行这些热门证券的公司的实际经营没有为它们赚得一分钱，至少是在最初几年没有赚钱。在那段时间，收益不代表什么，公司成长才具有实际的意义。对于投资者来说，这并不是最好的投资环境，但对于交易者来说那是美梦成真的地方。这正是需要通过理解搞清楚市场特性的地方。这是可以操作日内交易的时代，也是可以操作持续数日的波段交易的时代，还是可以持仓长达数周甚至更久的时代，更是可以买入和持有的时代。经验将指引你分辨其中的不同。

对你来说，在二级市场上交易上市的股票合理吗？我的答案是不合理。这是一场赌博，而非交易。我的理由是这样的：交易者应该永远在寻找优势。一只第一天上市交易的股票没有任何技术史，没有图表、均线、价格史，什么都没有。因此，没有趋势可以追踪，没有初始图表信息可以搜寻，一旦降落伞打开，就没有预测它将去向何方的方法。因为没有基准线，所以你无从了解成交量信息。

这里存在两种上市的股票：热门的和非热门的。对于热门的股票，狂热的情绪在业余交易者之间逐渐蔓延，正如在网络公司兴起的鼎盛时期我们所见到的那样。能量和兴奋呈现压倒性的趋势，交易者无法承受直至失去了理性。金融市场的狂热非常常见，有市场存在的地方就会出现。我们都曾听闻南海泡沫和郁金香泡沫的故事，互联网和网络公司的疯狂与之相比并无不同。当泡沫出现时，所有人都会竞相追逐，交易者按捺不住要加入交易上市股票的大军当中。没有足够的时间和可靠的信息供我们从垃圾中将宝石甄别出来。

这时，一个更有挑战性的问题出现了：你如何交易一只泡沫？在股票发行前的数周，网络中已然充斥着各种狂热的谣言，声称接下来的这只股票在公开发行后将会多么热门。业余交易者不断骚扰着他们的经纪人要求获得配售股，这通常是被严格限制的。然后他们将市价委托单交给经纪人，在开盘时进入市场。在这只热门股票上市的第一天，就已经有大笔积压的订单待处理了。开盘伊始，股价已上涨了 2 ~ 3 倍，市场订单价已经比发行价涨了两倍甚至更多，而发行价是你在得到配售股时就已经确定好的价格。股价仍在飙升，贪婪充斥着交易大厅。每人都想分一杯羹，无人想退出。然而交易中必须有人卖出才能够有人买入，股价继续遭到哄抬。

之后，股价就像被刺破的气球一样突然下跌，收盘价低于开盘价。发生了什么？怎么会这样？这个场景的背后发生了一系列的事情。首先，承销公司的股票经纪人为他们的大客户拿到配售股，这些幸运的投资者在股票上市前就已经参与其中。当大量没有拿到配售股的人涌入市场后，经纪人就将股票抛售出去。在我看来，更糟糕的情形是，股票承销商或者承销团成员将股票配售给了对冲基金经理或者大额投资者。这些人一旦能够获得可观的利润就会将股票抛售出去。作为回报，对冲基金经理将其他交易交给这个经纪交易商操作，并支付极高的佣金费用。以我之见，当出现热门的、颇具吸引力的新股发行时，这个游戏通常是以作弊的手段操作的。

另一种不太热门的新股发行，其表现则完全是碰运气。没有任何交易的历史可以参考，你抛出自己的资金希望得到最佳的回报。有时，股票的走势确实很好，价格上涨了 5% ~ 10%。但什么是股价很高、股价超高？没有任何阻力区域能够提示你这只股票曾经的冷却点在哪里，你如何知晓何时需要退出交易？更重要的是，如果股价下跌，你将何时退出？当天的图表中唯一的支撑位就是零。

这就是一场赌博，赌徒或者说像赌徒一样的交易者是无法通过赌博变得富有和闻名，也无法成为另一个版本的金融怪杰。赌徒心理存在着基本的缺陷，认为过去的交易能够对未来产生影响。当赌徒失去了一连串的赌注时，他们就会追加双倍的赌注。从理论上讲，如果每当你输掉了赌注都去追加双倍的赌注直到你赢，你就会赚到一大笔钱。假如你有足够的资金和时间可以一直玩这个游戏，并且游戏始终保持开放直到你得分，那么我假设这个理论成立。除去不停失利的压力，这种方法对我来说有太多的"假设"。交易本身没有任何记忆，它们不会对交易者承担任何义务。每一笔交易都是独一无二的，它们遵守着自己的信仰。没有任何物理学定律表明，你连续操作了 5 次失败的交易，第 6 次就会成功。反之亦然，如果你连续 5 次获得盈利，接下来的第 6 次可能盈利，也可能亏损。

回想一下你高中阶段的数学课，研究硬币抛出后哪一面落下的可能性。无论你抛几次硬币，正面朝上和反面朝上的概率都是 50%。即便你连续抛

10 次硬币，你也无法断定第 11 次抛出的是反面向上。交易也是同样的，每一笔都是独一无二的。如果你身处一连串的失利当中，不要认为市场欠你一次盈利。它不欠你任何东西。连续操作了 10 笔亏损的交易之后，你也仍然要付出同样的努力、积极投入到下一笔交易中去。交易圈里没有免费的礼物。

好的交易者也会玩这种游戏，但需要换一种玩法。你应该研究的是，考虑到自身所处的条件每一笔成功交易的胜算是什么。沿着这条思路，如果有一笔交易令你感到不满意，你应该制订一个行动计划。生存意味着要尽快地远离失败。交易不是投注，如果下注的话，你通常无法做到立刻割肉。如果押湖人队赢、凯尔特人输，即便凯尔特人已经领先了 10 分，你也不能中途撤销投注。一旦投注就要撑到底，无论输赢还是平局，都要承担。

有一个需要引起注意的地方，期权交易者必须学会更有效率地管理。说到这里，我想起了一件使我很难过的事情，多年来和我一起购买看涨期权的客户，最终的结果是持仓到期而作废。无论我说了什么或做了什么，这些人对待期权的方式就像赌博，买入、持有，然后等待游戏的成果。很多人甚至在买入后就不再给予关注，直至期权过期失效。出于一些原因，他们认为他们购买的期权在当时是非常有价值的。任何参与过市场交易的人，都会发现这种想法的荒谬之处。在期权的存续期内，持有这些看涨期权的客户被告知行情将走高，不用去关注它，他们就可以在赚取一些利润或者保持收支平衡后离开市场。期待在合约到期时能够大赚一笔则是预料中的事。如果你持有这样的心态而不愿意做出改变，现在就烧了这本书，然后把你的钱全部塞到床垫下面去。当你退休的时候，你会发现这个结局更好一些。

只是购买期权，特别是那些还有数月就要到期的期权，在我看来是没有主见的人的赌博行为，除非他们习惯于对冲风险。诚然，一名确信市场行情只会朝着一个方向发展的交易者可能会购买看涨期权或者看跌期权，并依靠他们的分析获利。这被认为是一种保守的方法，因为这个人可以明确定义下行的风险，意味着为期权支付担保费。它还提供了很好的杠杆作用。然而，我质疑这项策略的稳健性。我的经验告诉我，这类期权的买家没有足够的智慧搞清楚市场行情将去向何方，从而从这项策略中盈利。关于胜利者的美好传说确实存在，有一则芝加哥的传奇，讲的是一名乌尔沃斯（Woolworth）的小职员在 1979 ～ 1980 年汉斯公司（Hunts）试图垄断白银市场的时期，因为购买了一些看涨期权而成为百万富翁。我见过的这样的成功者仅仅寥寥数人，但我见过更多的失败者。在我看来，用这项资产的价格变动规模支付了担保费和佣金后，还能够使得期权的风险回报率足够吸引人，这种情况有 99% 的可能无法实现。

思考一下，与卖出 IBM 或者 COMEX 的白银看涨期权的卖家相比，买家的风险回报潜力有多大。买家拥有无限的上行潜力、固定的下行风险，即溢价。卖家已将上行潜力、溢价和巨大的下行风险从执行价格固定到无穷大。现在，一项潜在资产的价值增长到无强大是不太可能的事情。然而，买家似乎有更好的处理方式。

如果是这样的话，为什么多数期权到期就失去价值了呢？为什么期权的卖家愿意承担理论上无限大的风险去赚取有限的收益呢？这种情况到底是什么地方出了问题？我卖掉过比想要承认的更多的期权，我的经验是卖家确实比买家拥有更大的成功概率。

我真诚地认为其原因就在于，相对于大部分买家，卖家投入到交易策略中的努力、关注和思考更多，节省了保值措施。期权的卖家，承担了如此大的风险，必须决定如何给期权定价以保证其收益与风险相匹配。然后他追踪价格的变动，如果之前的抛售行为是错误的，他就准备回购期权以抵消头寸，或者购买潜在的资产以偿付头寸。而买方，在大多数情况下，只是被动地坐等期权能够为自己赚回利润。买家甚至可能直接将其丢给经纪人，等到卖出的时机到了或者到期日临近时经纪人再通知买家。一名负责任的经纪人可能会做到关注买家的期权，但没有人能够比你更关心你的资金。

卖家是期权的交易者，他们持续地对市场保持高度关注，当市场条件成熟时进行买入和卖出。买家是赌徒，他们只是对未来下注而不企图获取任何市场优势。卖家试图求生存，买家通常在经纪人那里下注。卖家掌握优势，将在盈亏的拔河比赛中获胜。

当我们讨论不能做的事情或者应该防范的事情时，请允许我提及另一件事情。这件事与我们的记忆机制有关，我将其称作赌场综合征。我真心佩服掌握赌博者心理的人，这与我佩服好的交易者是同样的道理。赌场经理掌握将优势为自己所用的技巧。我早先提到过这样一个事实，轮盘赌博的转盘有零和双零，这为赌场提供了一点微弱的优势。当赌博量适当时，这点微弱的优势就能够发挥其所需要的作用。

但赌场和公共交易大厅也具有另一项优势，这也是赌场综合征存在的基础。它与人类的天性相关，即我们所有人都喜爱欢乐、厌恶痛苦。围绕在喜悦与成功之间是令人愉悦的。赌场深知，与在赌场大厅摆放一台老虎机相比，在一个地方摆放许多台老虎机，人们就会在其中投入更多的钱。为什么？因为玩家需要在周围其他玩家的噪声以及赢家的欢呼声中，才能够持续投入地赌下去，即便这个人在损失了 1000 美元后才赢得了 100 美元的头奖。

记住，胜算是一样的，回想一下抛硬币的练习。对于下注的每 1 美元，老虎机都是按照赌场依其喜好事先设定好的输赢率来运行赌博的。无论你是独自身处撒哈拉大沙漠的中心地带、骆驼停靠的绿洲中，还是在拉斯维加斯的百乐宫，你赌赢的概率都是一样的。区别在于，如果你的周围没有胜利者的欢呼声，没有身处一家运营良好的赌场所营造的欢乐氛围中，而是四周一片死寂，你可能不会再持续地投注。

同样的情形也会发生在纽约中部、休斯敦、洛杉矶、丹弗的公共交易大厅内。事实上，它甚至是一种物理上的相似。老虎机连成一排，计算机也如此。交易者（至少应该是交易者）替换赌徒。不幸的是，你在交易大厅遇到的可能刚好就是赌徒。当你开展交易的时候，离他们远一点。

兴奋与胜利者，正好是我想要警告你的事情。交易大厅是喜忧参半的地方。它们可以是你从新手到熟练的交易者从而发展成为交易大师的重要部分，也可能成为你的滑铁卢。对于交易新手来说，最危险的陷阱之一就是，当交易大厅充满了资深交易者的时候，新手容易出现过度交易的趋势。你可能会做出的最糟糕的事情之一，就是紧挨着一位从事了至少 5 年动量交易的人，他一天之内就能够操作 50 笔、100 笔甚至更多的交易。如果碰巧这是你第一次开展交易，甚至你有了一些交易的经验，这样的交易频率也会使你目不暇接。你会发觉自己不断地窥视人家的电脑屏幕，试图搞清楚他在看什么、交易什么、做什么。就像我们中的大部分人一样，你会认为行动即进步，那个人就是交易圈中的国王。这种理解也许正确，也许错误，但这并不是适合你开展自己的交易生涯的地方。

你必须使自己免于过度交易，否则它会断送你的交易生涯。如果你将自己置身于错误的环境中，也就是赌场的环境，你会为虚假的同志友爱之情所困，这种友情在士兵或者运动团队中很常见。如果团队中有成员表露出对受伤的恐惧，那么其他人就会担心对外示弱。这种情况，意味着亏钱。他们表现出对亏损不屑一顾，但一两天后他们的椅子空了，其他人就坐了上去。

你应该在交易大厅开展你的交易吗？如果是的话，你应该如何选择对的交易大厅？在我看来，你有 2.5 个选择关于在哪里进行交易。首先，当然是公共交易大厅。其次是家中，或者独自在办公室。最后一种，我称之为半个选择，是与一群朋友一起或者在交易俱乐部。我称其为半个选择的原因在于，成功的交易俱乐部为数并不多。

我将会明确讨论每一种选择，但首先让我回顾一下通过网络进入股票或者期货市场进行交易需要具备什么条件。我将这种交易类型归类为直接访问型，以区别如电子交易或者其他网上经纪公司之类的网上交易。通过网上交易，交易者将订单通过电子邮件直接发送给他的经纪公司。这份订单随后进入某些交易系统。这份订单可能实际被卖给了批发经纪人，即所谓的经纪人的经纪人。如果发生了这种情况，交易者就会自动失去买卖价差，使得批发商在零风险的情况下赚取了小额利润。当收益差是 1/16、1/8 甚至更多时，这曾经算是一笔大交易。现在随着十进制的引入，在高流通性的股票市场上，这已经不算是一笔大生意了。然而，当收益差是 0.5 美元甚至更多时，利润仍会翻倍。如果你操作的是小增量利润的短线交易，这仍会是一个问题。失去全部收益差可能会将一笔可盈利的交易变得收支平衡。

当直接访问交易变得可行时，这是很多活跃的交易者转而投其怀抱的原因。但是对于这些交易者来说，更重要的是交易透明度和交易路径。交易透明度是指能够看清隐藏在市场背后的东西。直接访问交易的场地有纳斯达克二级市场报价窗口，它能够显示所有做市商和大部分正在出价或者向被交易的股票发出要约的电子通信网络交易平台。甚至现在的纽约证券交易所也能够显示专家经纪人的限价订单。

个人观点，我称其为交易不透明度，而非交易透明度。不要误解我，访问二级市场报价窗口和纽约限价订单固然很好、很重要，但是，我认为它是模糊的、可疑的，因为你仍然无法看清全貌。例如，一位重要的做市商，如高盛集团，是在内幕出价。它按照确定好的价格购买了英特尔的股票，并表示愿意购买 1000 股。而在这次出价的背后还有多少股份呢？记得前面提到的"跟随斧子"的策略吗？高盛集团在表面出价的背后可能实际需要 5000 股、10 000 股或 50 000 股。这些你都不会知道，所以才说它有一些模糊不清。这同样适用于纽约证券交易所的限价订单。专家经纪人私人持有的是什么订单？而他们推销给大众的又是什么订单？你如何描述它的特性，透明的还是模糊的？新的 ARCHEX 计划改变这一切。

交易透明度同时也意味着在你的电子交易平台上访问一系列交易工具。我将简要介绍 Townsend Analytic 旗下的 RealTick 交易平台，因为它是发展最成熟的、最为广泛使用的，并且我也最为熟悉的交易平台，我与这家公司有合作关系。这并不是说没有其他交易平台可供选择，其他平台也可以为作为交易者的你提供你所需要的服务。只是在我个人看来，RealTick 是行业内的佼佼者。《巴伦周刊》在其 2002 年的文章中，将其评选为最佳订单操作平台，并给予其"最佳网上经纪公司"的称号。

你所需要的交易工具可以划分为 3 个类别：基本信息、决策支持和交易执行。一位典型的直接访问交易者手头会需要以下的这些功能：

基本信息工具

- 二级窗口。所有活跃在纳斯达克市场的做市商和电子通信网络交易平台的卖出价和买入价，以及买卖规模（股份数额）。
- 纽约证券交易所限价订单窗口。纽约证券交易所电子订单中的限价订单。
- 时间和销售窗口。每一笔买入和卖出的实时报价，以及时间标记。
- 利益或观察窗口。交易者保存他想在交易时段特别关注的股票或指数的代码。
- 价格行情窗口。可定制的交易活动的实时价格，以满足交易者的需要。
- 网络浏览器访问。允许交易者收集新闻或其他在交易中有用的信息。
- 警告与提示。可定制的功能，能够给交易者发送通知，比如到达了重要的价格水平（关键股票在价格、成交量、波动性等方面出现新高以及抑制的情况），或者关键信息出台（收益率上升或下降）。
- 特别程式化窗口。设置期权报价、收益差、消息、电子表格界面、外汇交易市场、扫描器、过滤器等选项。

决策工具

- 图表。柱状图、蜡烛图、逐一标记、买入价和卖出价、隔夜市场；能被覆盖的技术研究；能够被利用的所有时间区间；自定义的颜色和缩放比例；每日、每周、每月；股票、期货、期权、指数等。

- 技术分析。超过 40 种可用的方法，如移动平均线、轨道线指标、振荡指标、指数平滑异同移动平均线、定向移动、推测学、成交量、未平仓合约、统计动差、点数图、江恩图、斐波那契数列、各种趋势线；所有研究都是动态的，在图表中可被叠加并且使用简单；所有最常见、最方便使用的图表。

- 期权。Deltas 值、vegas 值、gammas 值、thetas 值、理论值、损益价格计算等。

- 市场蒙太奇。纳斯达克趋势、价格水平的股票买入价和卖出价等。

- 市场概况。TPO 或最小价格变动概况、分割情况与暴跌价格、计算器和主要价格细节框等。

- 多重报价窗口。价格和基本面信息等。

订单执行

- 允许的订单类型。市场、限制、立即执行或取消、停止、尾随停止、条件、储备、委托、空头、无偏好发布、直接偏好等。

- 增强。快速取消、热键、订单确认中的成本预估、自动购买头寸（输入代码和其他细节可自动进入下单界面）。

上面只是对一个好的交易平台所提供内容的简要概述。自从我 5 年前第一次熟悉 RealTick 这个平台，它一直在成长和发展。直到你读到这里，我确定很多新的特色已经被添加进去了。要寻找最新的版本或是看看它到底长什么样子，请访问网址 www.realtick.com。一旦你对这个平台有了一些体会，就可以与其他平台进行比较，像是 CyberCorp、Watcher、

TradeScape 等，直到确定哪一个平台最适合你。如果你打算在公共交易大厅进行交易，这一点就至关重要，因为它可能只开放对某一种交易平台的访问权限。

你可以想象，访问当天股票或期货交易平台上的所有数据是需要耗费很多带宽的。这是你决定在哪里开展交易的一个关键考量因素。如果打算在家中交易，你能够负担得起你所计划开展的交易所需要的系统吗？交易者使用 2 个、3 个甚至更多的显示器如今已经越来越普遍了，这样对于他们同时管理所有的信息是很有必要的。

当直接访问交易开始普及的时候，很多人倾向于在家中使用单一显示屏系统进行交易。很多人使用一条只有 56K 带宽的普通老电话线就能够开展交易。但是随着电子软件变得越来越智能，所耗费的带宽就越来越宽，人们开始使用 DSL 或者有线互联网上网。公共交易大厅通常会提供多个 T3 服务，这完全能够满足要求。因此，将你打算使用的交易平台、你需要的导师数量和你打算开展交易的场所的带宽列入你的计划。然后，关于你能够使用的带宽是否足够，请寻求专业的意见。我会从不同的渠道得到意见，如软件提供商、设备供应商以及任何在相似情况下使用相似的软件的交易者，还有独立顾问。带宽是一项至关重要的考虑因素，如果你无法按照你想象的应该的方式去操作，这会打击你的自信心，它可是操作成功交易的最为重要的因素之一。这也会为失败、糟糕的买卖和错失的良机提供借口，而借口毫无意义。

关于软件的选择，这里还有一点提示。很多大型的平台允许你下载模拟版本，这为你提供了一个可以尝试各项功能的机会，便于你了解哪一种平台能够更好地满足你的个性化需求和交易风格。例如，你可能比较依赖某一个专门的技术研究，比如布林线或怀德的 %R。如果平台无法提供这项功能，你就会在使用这个软件的过程中出现问题。或者你也可能会发现某一个系统更加直观、速度更快，或者更容易使用或学习，这些特点对于你来说都可能成为决定性因素。并且，经过 1 ~ 2 个平台的测试，你再与公共交易大厅的经理针对你的领域沟通起来也会更加顺畅。

当你用模拟系统进行测试和第一次开展交易时，我要给你一个郑重的警告：模拟交易并不是真实的交易，正如想赢彩票不是真正地赢了彩票。模拟系统不会真正地将订单输入市场，虽然看起来它们像是在执行订单，但事实上这些模拟订单是通过运算法则与实时数据相匹配的，它给你一种印象，好像你操作的是真实的订单。事实并非如此。首先，在模拟平台中你总能够成交。其次，成交速度很快，并且与真实交易相比操作更为便利。我并不认为软件公司是在试图诱导你相信交易是轻松的。模拟平台只是无法复制真实的价格变动，例如有人先你一步下单，以既定的价格拿到了最后一笔可交易的股份。模拟平台也无法模拟订单路线的可能性，例如，通过 Island 路径下的订单能够比通过 Archipelago 路径下的订单更早成交吗？在现实中这个问题的答案取决于谁的流动性更强。而在模拟平台中，两种路径成交所需要的时间相同。

还有一点关键区别，这也是最重要的一点，我称其为"货币热"。你在模拟平台中使用的是网络货币，而在真实的交易中使用的是你辛苦赚来的真金白银。哪一种货币会使你更紧张？如果你的资金已经投入了交易，你的股票在暴跌并已经使你损失了 3 美元，你如何保持冷静？你还能够像在模拟平台中投入网络货币那样镇定地应对吗？毋庸置疑，这是不同的。我不知道有多少个交易新手来到交易大厅闲庭信步，自豪地告诉我过去一周他们一直在模拟平台操作交易，已经赚了 5000 美元，现在打算开始实战交易。结果到了交易日结束后，他们全部亏空。

在模拟平台交易对于学习如何使用软件非常重要。你必须能够提取出图表，向交易平台发送订单，取消订单，将路径偏好由 Island 改变为 Archipelago，审阅未结订单，查看新闻，覆盖研究等，在极短的时间内完成上述所有事情。但无论你做什么，请不要与现实的交易相混淆，因为毕竟它不是现实的交易。

在获取了你认为你所需的与硬盘、软件和带宽需求相关的背景信息后，是时候做一些跑腿的工作了。你应该拥有一次在公共交易大厅进行交易的机会。一个关键的考虑是，在尝试成为一名直接访问交易者之前，你需要什么样的培训、需要多少培训？很多交易大厅提供正式及非正式的培训。以下列示的是一份正式培训计划的大纲，它尤其适合那些过去没有参与过活跃交易的人。

- 股票市场的历史：它们是如何发展成为如今的样子的。
- 市场与市场的参与者：专家经纪人、做市商、经纪商、砖和砂浆与电子交易所、职业交易者和业余交易者、对冲基金、电子通信网络交易平台、市场分析师、第五产业、网络、恶作剧者和骗子等。
- 证券类型：普通股、优先股、期权、首次公开募股等。
- 交易经济数据的关键：数据发布前、发布期间和发布后的一瞬间。
- 如何在波动的供给与需求间交易。
- 二级市场介绍及需要遵守的原则。
- 纳斯达克二级市场：市场的广度和成交量理论。
- 其他先进的二级市场交易技巧和策略。
- 网络、电视、印刷品、呼机和广播中的交易信息。
- 使用基本面分析和技术分析。
- 日内交易通告：盈利、分割、评级改变、首次公开发行和二次发行新股。
- 如何成功地规划电子路径和执行交易。
- 交易风险管理。
- 网络与连接：如何成功连接网络。
- 市场、职业交易者和第三方影响者的心理学。
- 先进的交易策略：宣告、波段交易、中期和长期交易、交易的频繁与否、进入复杂市场的方法。

- 如何有效利用具有实时报价功能的模拟交易平台。
- 寻找对的经纪公司，并开立账户。
- 形成你的个人交易计划，以及如何开始。
- 在交易的最初 3 个月充分利用导师计划。

如果看起来你有很多东西要学，这就对了。这也是我所工作的市场智慧交易学校 4 天的股票交易课程的课程表，当你访问你所在领域的交易大厅及网络时，可以使用这份课程表与他们所提供的课程表做对比。

在你访问的过程中，询问一下指导和成本。有没有导师？有没有其他成本？有没有席位费？每天占用一个席位所需要的最低交易数量是多少？需要的账户规模是多大？佣金是多少？培训费用是多少？有没有学费折扣？软件租用费是多少？电子通信网络交易平台费用是多少？有没有为交易者准备的每日简报？询问每日例行程序。一些交易大厅有许多隐性收费，这是你第一次在公共交易大厅进行交易所不可能了解到的。询问一份完整的服务清单及相应的收费列表。例如，你或许会认为电子通信网络交易平台费用微不足道，但你错了。接下来索要一份账户对账单样本，请交易大厅的经理或是他的助手将这份样本详细解释给你听。寻找是否所有的交易活动都要收取费用。

买家需谨慎

你每个月操作大概 50 ~ 100 笔的完整交易是很普遍的，大部分的收费会被计入账单。如果是这种情况，交易大厅极有可能与经纪商相互合作，收取交易者的佣金费用。这就意味着雇员需要在国家证券交易商协会注册。这一点非常重要，因为在国家证券交易商协会注册的个人被较高的道德规范所束缚，一旦与客户发生争端，他们不得不接受仲裁。这就为你提供了除了一般客户所享有的一切权利之外的额外的保护。你也应该知道注册代表至少已经通过国家证券交易商协会主导的入门级从业资格考试。当然，这项考试并不是对交易水平、教学水平或管理能力的保证。买家仍需谨慎。

教育与指导

截至现在，你已经准备好了一份书面的需求评估，其中涵盖了教育和指导。我个人认为在你学习交易的地方开展交易是有一些好处的。这也是我供职的公司所提供的服务。在课程结束后，公司会为你提供可以直接接触指导者的机会，这些指导者中的一名甚至多名都可以成为你的导师。因此，他们非常了解你知道些什么，这对于交易的初始阶段是一项优势。

从交易学校毕业并不能够使你成为一名交易者。大部分学校只能教会你交易的运行机制，比如，告诉你电子交易市场如何运作，向你展示如何使用交易软件，并对交易策略提供一些见解。你最好能够实际观察真正的交易者是如何开展交易的，并在模拟平台进行训练，甚至操作一些真实的交易。所有这些训练持续时间不超过一周。要成为一名交易者，你必须亲自交易。

更正确的是，你必须用真金白银做足够多的交易，并撑过前 3 个月，从而成为一名新手交易者。帮助你开个好头是一名导师能够为你做到的最关键的事情之一。一名好的导师能够发挥很大的作用。将你的导师当作一名私人教练，他能够帮助你确定你需要做什么才能够减掉 20 磅[⊖]的赘肉从而提升目标的清晰度，但他不能够代替你做。一周 3 次前往健身房锻炼身体需要自律性和决心。保持健康饮食则需要花费更多的勇气和毅力，这些只能靠你自己完成。你的私人教练无法替代你减掉那 20 磅的赘肉，同样你的导师无法使你成为百万富翁。

导师就是教练，教练只能置身局外。最优秀的运动员也需要教练的帮助。相信你有很多次听到过这样的事情，泰格·伍兹在重大赛事之前花费

⊖ 1 磅 =0.4536 千克。

了一整周的时间与他的挥杆教练相处，并且他是在整场球赛结束后最后一个离开训练场地的职业球手。好好想想吧，当代最优秀的职业高尔夫球员，或许是有史以来最优秀的职业高尔夫球员，也有导师，并且要比那些第一次勉强击中球的球员练习的次数要多很多。

谁将成为你的导师？你能够负担得了一名导师的费用吗？你所考虑的交易大厅能够有什么样的选择？我的建议是先了解一下交易大厅的日常运作情况，询问经理你是否可以坐下来观察几天。如果经理坚持让你支付一个月的席位费用，在你没有太多选择的情况下，不妨考虑接受他的建议。如果你计划或者已经参加了一所培训学校，尽可能花费多一些的休息时间前往交易大厅进行观察，看一看交易者是如何与交易大厅的经营者沟通的。

从观察交易大厅的日常工作流程开始。许多交易大厅提供一份早间简报，使交易者知晓东方和欧洲市场的隔夜交易活动。关注点随后转移至美国的期货交易市场，它会在美国股票市场开盘之前开盘。尤其要关注股指期货，如果黄金有时表现异常，则你也要对它给予关注。当美元货币与他国货币相比表现强劲或者疲软时，你也要给予关注。你通常会得到一份发生在当天的已经宣告的事件的清单，如政府报告、盈利报告或是会影响价格走势的重要会议，比如美联储会议。公允价值的更新以及可能对今日交易产生影响的前一日交易时段的事项都能够拿来进行讨论。一份股票观察列表，以及为什么你认为应该观察它们，这些问题都是值得探讨的。会议的最后一个环节是问答，主要提供给交易新手。

对你来说，坐在那里参与尽可能多的环节是很重要的。它会向你展示交易大厅管理层的实力。你应该记好笔记，然后观察那些你被提醒要特别关注的事情，是否发生，并记录下你的反应。你和我都不应该指望做信息概述的人是专家评论员或先知。你要判断的事仅仅是这个人的见解对你是否有帮助。有没有人提示交易者出现了潜在的交易机会，警告他们可能会出现的陷阱？

市场评论很像天气预报，短期预测要比长期预测更准确一些。因此，要密切关注市场开盘时的评论。是否由于昨晚盈利公告的发布，戴尔的股价在开盘时飙升呢？市场是否会像预测的那样出现异常波动呢？你参加每一天的会议，为发言人的表现打分，同时很多员工参与这项职责。依你看来谁表现得最好呢？谁将问题回答得最好？他们分享了大部分的信息吗？记住，你是在购买一名导师。

你的导师不必来自指导者或是交易所的员工，他们可以是交易者。交易者是你在交易大厅观察的一部分内容。谁表现得最具有职业性？最不情绪化？如果你可以的话，试着去感受一下你认为可以成为一名好的导师的交易者的交易风格，试图坐在这些人的身旁，在交易时段的前后与他们探讨一番。

一般来讲，交易者不介意与他人讨论他们的交易，但是他们的话语所传达的真实意思并不容易搞清楚。你所寻找的一些东西虽然是数量上的，但更重要的是主观思维上的。例如，数量上的部分与一些人交易的时间长短有关。你可能想要这样一名导师：他已经从事这份工作超过了 1 年的时间，并且每天操作着相当大数量的交易。至少这个人要展示出一些生存的技能。你可能还想感受一下交易水平，它与每天、每周、每月的交易以及交易规模相关。有一种交易者，他从事交易已经 5 年了，每天会操作 1 ~ 2 笔交易，每笔交易有 100 股。之后你会发现，这个人已经退休了，他的伴侣希望他能够离开市场，仅仅把交易当作一项爱好。与那些全职交易了 1 年但是非常活跃的交易者相比，这种人可能会把交易大厅当作俱乐部。

然后是盈利情况的问题。交易大厅的经理可以通过审阅交易者的月度报告，了解或是准确找出任何交易者的盈利情况。但这样做是不道德的，因为它们是保密信息。如果一位经理在没有得到账户所有者的书面许可的情形下这样做了，他只能被驱逐出交易大厅。另外，如果交易大厅的工作人员评论了一位交易者的成功之道，不要将他的言论放在心上。首先，交易大厅的工作人员希望制造这样一种假象：交易大厅的每一个人都在赚钱。这对于经营当然是有好处的。其次，对于交易者的成功，通常很难讲这是出于偶然还是能够持久的。对于能够在某一天、某一周或某一个月取得很好的业绩是一件事，而能够年复一年盈利又是另外一件事。

很多为交易账户提供会计服务的经纪公司或它们的清算公司，都提供一项服务，即制作损益表。所以信息通常是有的，尽管这并不意味着这些信息可以拿出来分享。你想要确保这项功能能够为你所用，那么你将会在评估你的交易那一章中看到。

你可能还需要做一些侦查的工作，那就是判断你所感兴趣的交易者是否在做全职交易。如果他以交易为生，那么显然这是一个好的标志。这个人的生活水平看起来是怎样的？当某一个交易日发生亏损时，他是否表现出痛苦的样子？如果你听到这样的话："如果我这周表现再不佳的话，就无法继续偿还房贷了。"你就要知道，事情并不总是一帆风顺的。你也会想知道，交易是否对那个人的生活方式做出了重大改变。在我们的交易大厅里，总是不乏很多成功的企业家，他们卖掉了自己的生意并获取了巨大的利润，他们只是把交易当作一种嗜好。这种人并非不适合当导师，他们可以是很好的交易者，而且有时间指导你，此外他们也可能愿意花时间和你在一起。

你通常可以从其他交易者对待你的导师候选人的态度中得到很多信息。他们是否咨询这名候选人关于交易技术、策略或是单只股票或期货合约的问题呢？例如，你会听到类似这样的问题："你今天交易了什么？"或者"你认为今天思科作为空头，其表现如何？"如果其他交易者试图关注这名候选人的交易，这就是个好的信号。注意观察其他交易者对这名候选人所做选择的尊重程度。他是交易大厅的领袖人物之一吗？这名候选人是否愿意花时间解答问题或分享经验呢？

资深的交易者通常是愿意带领和指导新人的。对于一名交易新手来说，理想的情形是导师的指导过程是免费的，并且承担着导师工作的这个人明显愿意做这些事。但如果你并不适应这名导师候选人的交易风格和品质，事情就会比较危险。最坏的情形是，你学到了一堆坏习惯。

我在此警示你，要花一些时间寻找一名合适的导师。如果不得已的话，为这项服务支付费用。你确实也不能够期待，一位在此领域中具有专业资质的资深职业私人培训师，拥有固定的客户群，却要免费为你提供培训服务。因此，你又如何对一位交易者存在相同的幻想呢？

在欧洲，学生在完成学业之前，是被鼓励在不同的国家加入不止一所大学的。我认为这对于交易者来说是个好办法。你可以前往一家公司举办的一所培训学校进行学习，再去参加另一家公司举办的一节或多节指导课程。外面有各种各样的网络导师培训机会，你可以从互动式的交易课程中观察并倾听一笔职业交易。这些都是极为有用的内容。关注一下 www.innerworth.com 吧。

现在成本的问题出现了。所有这些培训将花费你多少钱呢？最经典的答案是，如果你在开始交易之前尽可能不去学习，那么你将花费多少钱呢？我的一些最聪明的学生，花时间专门彻底地研究活跃的交易，而后选择不去从事它。有些事你还是会希望能够得到导师的帮助，但如果学生太过渴望进行交易，则导师无法提供帮助。我将在最后的章节中详细讨论这件事。

如果你决定不在公共交易大厅进行交易，或者在你所在的区域没有适合的交易大厅，你的替代选择是什么呢？我先前说过你有两个半的选择，截至目前我们已经充分地讨论了其中一项选择。其他选择则是完全自己交易，在一个群体中或俱乐部内进行交易。

有一种特殊类型的交易者适合独自操作交易，特别是独自在家中完成。大多数人是社会属性的动物，我们都需要与他人接触。当我独自长时间地在家中写作时，我会感到孤独。我会不断地发现家里有事情需要处理，这些事会将我带离我的首要工作。我与其他交易者沟通这件事时，他们表示自己也会有类似的经历。他们操作了一笔差劲的交易，接下来他们就转身去割草了。他们的伴侣甚至会为他们布置清理地毯、窗户和其他的清洁工作，反正他们也一直待在家中。有办法解决吗？

若要在家中操作交易，正如我们之前讨论过的，你需要机器设备与网络连接。如今在美国的大部分地区，这种条件是可以满足的。唯一存在问题的是宽带，比起其可靠性，其可用性并不强。我所居住的地区丹佛市的网络素来不太稳定。作为备选方案，在家中进行交易的交易者必须准备一部移动手机，以及一个后勤办公室，当需要时可以打电话寻求支援。后勤办公室是经纪公司的一个部门，部门中持有执业证书的经纪人可以随时为这些移动交易者提供帮助。后勤办公室也有这样的职责，即确保在每一个交易时段开始前所有的会计、清算、报告和账户信息更新工作都已完成。后勤办公室就是这样的一个场所，当你的账户出现任何问题时，你都可以打电话求助。

一个好的后勤办公室可以实时查看你的账户。这意味着如果你正在操作一笔交易，你的电缆、DSL、电脑或供电出现问题，你可以给后勤办公室打电话寻求帮助。例如，如果你刚刚通过 Archipelago 发送了一笔限价订单，而该订单尚未完成，后勤办公室就可以马上看到。他们可以为你取消订单，在这种情况下这是谨慎之举，或者让你知晓你的订单在何时、以何种价格成交。你可以通过后勤办公室进行交易，直到你可以亲自操作为止。如果你已习惯独自交易，这种方式则会很适合你。

一些更难逾越的障碍可能是交易纪律。当你独自相处时，纪律可能将你击垮。例如，我有一位朋友，他与其他人一起交易时会表现得很好。如果身旁有人，他会遵守所有的纪律。但一旦让他独自交易，他就会长时间持有那些使他亏损的买卖，这会让他损失非常大。但一旦他想到，会有其他的交易者跟他说："为什么你还要背着那个大包袱，它已经让你不堪重负了！"他就会继续遵守交易规则。当他忠诚于规则时，他就会成功。你必须有足够多的知识和钢铁般的意志才能够成为一名合格的独自交易者，这点我会在最后的章节中做出解释。

　　还有一种替代方案，就是选择不在办公室内进行交易，但需要有人在身旁。身旁的人可以不是交易者，但可以提供你所需要的社交氛围。你可以选择在每天午后暂时离开办公室开展一场自我之旅，而其他的时间则要坚持留在办公室直到下午 5 点。此外，你还可以选择在中间休息的时候回到有人的地方，或是外出吃一顿午餐，这些都有帮助。你只需要知道一点，有人可能会问起你的交易，这将有助于自律。从我个人的角度来讲，前往办公室会让我工作得更好。我让自己放轻松，并且知道其他人期待我能够操作交易一整天。而在家中，我更容易偷懒。

　　我将俱乐部视为半个选择，是因为我的经验告诉我，在那里成功的机会只有一半。如果像租金、设备花销、网络连接、带宽等费用是分摊的，那么这一点尤其正确。俱乐部的成本很容易达到每月数千美元，如果其成员不是签有长期合约的职业交易者或者半职业交易者，那么俱乐部可能将无法持续运营。最糟糕的情况是，一群交易新手聚在一起开展交易。运气好的话，在几周或者几个月后只有几个交易者被市场踢出局。那么接下来剩下的成员该做什么呢？尤其是当他们已经签订了长期的租赁协议或宽带协议时。

　　我看到过一些案例，经纪公司安排了一些设施供个人聚会和交易。这个把戏就在于当有人退出这个团体时，总是有充足的人选补进空缺的位置。为了做到这一点，经纪公司需要做出一些关于最少交易量的承诺。如果你将上述这些情形汇总在一起，可能就会发生作用。但它将是特殊的群体，而非普通的组织。

　　现在让我们进入下一章，开始讨论一些能够提高你的成功概率的特殊规则。

第八章

应对游戏中最艰难的环节之一：纪律

在上一章关于独自交易还是在交易大厅进行交易、需要导师还是不需要导师的讨论中，我故意留下了一些关键的考虑因素，从而可以清楚地区分成功者与失败者。这些关键因素分别是纪律性与专注力。借用沃伦·巴菲特的话来说，第一条规则就是纪律性；第二条规则就是遵守第一条规则。

把握住纪律性的真正内涵就像是试图去抓住液态流动的水银一样，当你以为你已经把它逼得走投无路时，它又从你的手掌中喷溅出去。原因就在于，人们对于纪律性到底意味着什么的理解千差万别，而通常他们的理解是不到位的。这对于交易者来说体现得尤其明显，因为市场是有不合理性的。一名交易者可能因为做了一些没有遵守纪律的事而得到奖励，却因为遵守了一些原则而受到惩罚。这种伴随着受到了奖励的交易而产生的良好感觉，钝化了对真相的感知，一些重要的规则可能因此被忽视或曲解了。

永远的纪律

对于我来说，你在任何事情中都能够形成纪律性的唯一方法就是去学习规则，创造出一套体系并迫使自己遵守它。一旦这些规则被你内化和掌控，你就能够形成这样的第六感，即你何时能够回避规则甚至偶尔违反规则。但如果你在抵达上面所描述的那个阶段之前，就企图将交易规则玩弄于股掌之中，你便会过早地终结自己作为交易者的职业生涯。在本章的第二部分中，我会讨论专注力，它是遵守规则的关键。

盈利与亏损

这里有一个典型的例子，说明了如何以及为何如此多的交易者在开展交易的前三个月就败下阵来。交易最基本的规则就是让赚钱的交易继续运作，将亏损的交易扼杀在萌芽阶段。确实，这听起来简单且便于操作。不幸的是，事实并非如此。有太多不自律的交易者断送了他们赚钱的交易，而保留了他们亏损的买卖。比如，一名交易者买多 Ariba 的股票，然后，该股票没有任何理由地上涨了 5 个百分点。网络上没有什么利好的消息，最新一个月的盈利报告尚未公布。交易大厅的每一个人都对这只股票持短仓。现在，我们典型的交易新手持有了 1000 股长仓，而股票上涨了 5 个百分点。猜猜他的心中升起了什么？恐惧！担心失去 5000 美元，他并不预期能够赚到那 5000 美元。他在听到应该看空这只股票的言论之前就已经入手了这笔交易，而事实证明他是对的，没有人知道为什么。恐惧驱使着他抛售了这只赚钱的股票，而不是设置一个紧密跟踪的止损订单。

当恐惧消散时，他无法向交易大厅的其他同僚承认那只是一次简单的运气。相反，他告诉他们他看出了一些其他人没有注意到的技术信号，这只是个障眼法。如果他将故事编得足够长、情节足够中跌宕起伏，恐怕他自己也会开始相信这个故事。这就是自律性被侵蚀的开始。现在他是交易大厅的天才少年。

当他下一次开展交易时，相反的事情发生了。他再一次对 Ariba 的股票持长仓，他在寻找比下一个阻力水平稍高一些的点，比他的买入价高 1.5 美元。但这次股票下跌了，他本该在这个点位上设置一个止损订单，但他没有。人类的本性从原始的泥沼中显现。他不能对交易大厅的同事、自己还有导师承认自己错了。他告诉自己这只是头脑产生的幻象。Ariba 的股价再跌 0.5 美元后就会出现一次巨大的反弹。他认为自己还是那个能够赚 5000 美元的天才少年，如果他这一次还是正确的，每一个人就都会承认这一点。如果他能够连续两次盈利，就不再是运气使然了。

随着 Ariba 的没落，我们的交易者开始寄希望于另一笔赚钱的交易。现在他专注于达到盈亏平衡，并且他仍然无法承认他错了。骄傲导致了巨大的亏损。现在交易者的内心充斥着各种复杂的情绪——恐惧、希望和骄傲。他顶着失去金钱和面子的压力操作着交易。

他错误的想法伴随着这样一种假设，即交易亏损是判断上的失误。然而这是不对的。交易亏损通常与时间有关，不是太早就是太晚。投机生意的艺术并不是期待赚点小钱。当交易走上正轨，它通常会带来非常可观的回报。但是，如果一笔交易出现了问题，那么越快退出越好。你要在市场中真实地止损，而非只是精神层面上的想象。交易是关乎生死存亡的游戏，除非你获得成功，否则你需要一直采取防御措施。

飞钓者的比喻

想一想一名飞钓者的心态，他站在齐腰深的、冰冷的水中长达数小时，不停地投掷他的钓鱼线。蚊子与其他飞虫折磨着他，但他仍在坚持，因为他有一项任务。如果鱼儿还没有上钩，他就将鱼线再一次地抛入水中，不停地重复、重复、再重复这个动作。有时，鱼线返回时会带回一条小鱼，他会将它扔回水中。然后不知从何处，飞钓者捕获了一条大鱼。这就是投机的全部意义之所在，也是尽快止损、让盈利的交易持续运作的规则的含义。你无法蓬勃发展，除非你学会求生存。

正如你永远不会知道一笔赚钱的买卖会在什么时候出现，你同样也无法预测它在什么时候就会停止盈利。因此，一些聪明的交易者发明了追踪止损，即当股票价格越来越高时，止损价格也随之升高。对于卖空来说，这个过程则是相反的。我所说的止损，是指单纯的止损，不是止损限价订单。当达到止损价格时，单纯的止损订单就会变成市场订单。而一份止损限价订单需要被激活才能成为限价订单。若要使这份附有条件的订单成交，需要达到限制价格水平。如果出于一些原因条件没有被满足，你就可能需要放弃你的全部利润。当期货市场跌停了一天或两天，并且你的限价远远超出了范围，这种情况就会发生。贪婪伴随着另外两个邪恶的巫师——希望与恐惧，足以毁掉你的交易生涯。

虽然限价止损订单有其合理的适用范围，但这在我看来并不适合为投机者做止损订单。买入限价止损对于在某些水平进入市场是很有帮助的。当阻力位被击穿、股票不再折返后，你可以考虑买入股票或期货合约。例如，除非一只股票停留在阻力区域，否则你不会想买进的。这就是限价止损订单发挥作用之处，所以好好利用它吧。

做空还是不做空

第一，做空还是不做空，这是个问题。截至目前我所讲过的话、使用过的例子大都涉及多头交易。原因就是，多数的交易者，特别是交易新手都比较偏爱多头。对于很多人来说，做空似乎很陌生。你是如何卖出你不曾拥有的东西，之后再买回来的呢？做空的支持者会告诉你，即便在市场处于熊市时，它也总能让你做成一笔好的交易。他们也会告诉你，市场下行的时候总是多过上行的时候，这为做空交易者提供了绝佳的赚钱机会。最后，交易学校和指导者会提示你，如果没有学会如何在市场低迷时期交易，你永远也无法成为一名真正的专家。以上这些内容基本正确。

不幸的是，我是天秤座。因为我听过了各种言论，所以我对你的建议是，如果（仅仅如果）你对做空感兴趣或是认为做空真正能够给你带来盈利的机会，你就花时间去学习它。在这个市场中，上涨股票的数量与下跌股票的数量相比，在任何一个交易日都不是绝对地单向变化。这意味着即便在一个下行的市场中，也存在看涨的投资机会，空头也总有上扬的时候。

第二，对你而言更重要的是，要正确理解你不必一直待在市场中。有些日子你不应该去交易。例如，在你病倒或者感到非常劳累的时候就不要去交易。如果你的判断力因为一些原因受损了，就需要保持觉知去越过它。即便你真的很想交易，也不要这样做。交易或不去交易是一项决策，你必须有觉知地做出。当你在身体、心灵和财务上没有做好准备时，永远不要让别人强迫你交易。在损失金钱之外的一大风险是，丢掉信心。谨慎地理解为何你没有选择某个特定的日期交易，因为它会导致拖延。这反过来也会腐蚀你的信心，导致无法作为。我将在最后一章中详细地讨论这方面的交易。

关于卖空也存在一个令人烦恼的机制问题，被称作报升规则或高于前次成交价规则。证券条例规定，卖空需要以一次报升或零报升作为开始。报升仅仅意味着上一笔交易的成交价高于其前一次的成交价。零报升则是指上一笔交易的成交价与其前一次的成交价相等，价格不变，但再前一次的成交价呈现上扬态势。你所使用的软件平台通常已被设置好禁止交易者做非法交易，比如在低于前次成交价的情况下做空。如果你的账户中已经有股票，软件就会知晓这一点并允许你卖掉它，但这不是做空。这条政策的原因是帮助减缓负面变动的趋势。监管者认为减缓交易者进入下行市场的速度能够使交易更加有序。

如果你只是想在市场中做一个空头，然后希望大赚一笔呢？如果你在使用一个系统化的交易平台，它会拒绝你的下单，除非这是一个报升。即使这是一个报升，但如果系统中存在积压的订单，你可能也无法成交。如果你进入下行市场的时机太迟，当任何利好的消息来临时就需要承担被逼空的风险，这个代价太大了。记住，股票会在过度买入和过度卖出之间徘徊，随后回归正常。当钟摆荡到钟表一边的最远距离时，它会迅速调转方向荡到另一边。

我的回答是，无论你是否应该学习做空，你都必须自己做好决定。我在此明确表示，不推荐你将学习做空交易作为第一优先考虑之事，尤其在你先前没有做过此类交易的情况下。一些交易新手将学习做空交易作为第一要务，我眼睁睁地看着他们在此过程中陷入困局、变得非常沮丧。即使没有做空交易，你也可以赚到钱。但如果你决定好接受这个挑战，那么就要在一个月的时间内心无旁骛地只做好这一件事。每天扫描市场，寻找处于下行阶段的目标，然后做空、做空、做空。这与一名职业高尔夫球手如何适应新俱乐部相似，他要练习击出足够多的球才能够做到在任何条件下都可以稳定地发挥击球水平。

对于永远无法赚钱的恐惧

这条规则与交易一样古老。如果你无法承受亏损，那么你也同样无法承担盈利的压力。首先，亏损是交易中一个必不可少的组成部分。亏损会发生在交易生涯的初始、中间以及结尾阶段中的任何时刻，它会一直在那里。即使亏损也要毫无保留地努力尝试，你就会发现自己打破了基本规则而生存下来，并最终迫使市场使你盈利。你可能已经猜到了，频繁地打破陈规正是渡过灾难的秘诀。

在对的时间做正确的事

另一条陈旧的交易规则是，在你开始交易的第一天，你的表现会很差。我并不同意这种说法，因为市场没有逻辑性可言，它的变化趋势无法预测。在你的首场表演秀中你完全可以表现得很出色。这句话本身应该可以促使你暂停交易，并做出心理上的调整。如果你第一天就赚到了钱，请小心，这会让你认为交易是简单的。其实，交易并不简单。市场能够给予，也能够收回。交易几天很容易，几周很容易，甚至几个月也很容易。在 20 世纪 90 年代出现过一次长达 10 年的牛市，那时候赚钱确实比较容易。让黑猩猩投镖选择出来的股票，跑赢了标准普尔指数。有时交易更像是掷马蹄铁游戏而非火箭科学，只要你操作基本正确就可以赚到大钱。我们曾经告诉交易者，如果已经错过了一只股票的买入时机，那么可以选择这只股票的第一个近亲去交易。例如，亚马逊的股票已经暴涨了 20 个点，这时你已经错过了买入的最佳时机无法再入手，那么就去选择 Barnes and Noble.com 进行交易，因为这只股票会被连带上涨。信不信由你，这是我们教给交易者的一个有用的策略，但并非永远适用。

交易就是时间，时间就是交易。如果你在对的时间采取了正确的行动，这就比所有你能够调用的技能、经验和研究都重要。但你不可能永远在对的时间做出正确的事情，通常只有等到时机过去了，才知道你是否在对的时间做了正确的事情。这也是为什么你必须遵守书中提到的这些规则才能够生存下去，只有这样，你才能够做到在对的时间做出正确的事情。

瞄准市场的腹部，而非脑袋

交易新手通常想要的太多，他们要么入市过早，要么退出太迟，这样的话，要么触顶，要么触底。这个过程的危险之处在于会经受双重的损失。你太急于进入一笔交易，仅仅看到市场暴跌就认定（这对于交易者来说是贬义词）它已经抵达了价格的底部。当你长期持有一只股票，期待能够在它的价格达到顶点时抛售出去时，相同类型的价格变动就会惩罚你的贪婪。当你想收获于高点时，市场偏偏触了底，你的一半资金赔了进去。

随着经验的积累，你将能够更好地对这些市场的变动做出判断。你的大部分成功的交易将来自变动的中段。例如，当 10 个区间的移动均线趋于平缓并开始走高时，你就不能再进入交易了，这种变化通常发生得太快。一个更好的时机是当 20 个区间的均线与 10 个区间的均线交叉相遇，这给出了趋势改变的确认信号。但如果成交量很小的话，你还会发送你的订单吗？答案是否定的。记住，成交量就是力量，正是这种力量推动着趋势的变动。在顶部，通过跟随均线的走势，你以同样的方式退出了市场，尤其是当你看到成交量减弱时。

在多数的交易中，你试图在价格波动时分得一杯羹。这就好比我们在第三章中谈到的狙击手朋友，在狂风大作的情况下远距离瞄准的是目标的腹部。

你只需要拿走市场给你的东西，在多数情况下它是整体变动的一部分。最好的情况是当一次大变动到来时，你做多白银时，银价涨停；你做空朗讯时，其股价暴跌。它们向你预期的方向迅速变动，你甚至无须做出任何决策。然后轰的一下，你的交易命中了，你赚到了，坐上了直通财富的特快列车。而在得到这些天赐之福之前，你仍需努力工作以谋求生计，保护好自己的风险资金。永远不要忘记这一点。

均数 300 的击球数成就全明星队

如果你采纳了上述建议，并使用了止损订单，你的 2/3 交易可能会达到盈亏平衡或者略有亏损。而剩下的交易中大多是小额或中等幅度的盈利，但会有一些是大额盈利。当你得到这笔大额盈利时，你会想要看到你的月度账单。投机的目标是成为一个超级大赢家，投资的目标是变得富有，请不要混淆它们。交易与投机都是为了短期的收入，而长期持有并做出适当的资产配置，将会构建你的净资产。因为你在日内交易或波段交易中亏损的概率大于盈利的概率，不要让这些负面的积累增加你的压力。每周为你的交易做一次盈亏试算，你的清算公司的财务软件中具备这样的功能，清算公司会为你开通访问权限，好好利用它。每周五收盘后将损益表做出来，周六一早好好研究一番。在下一节中，我会深入讲解交易的绩效评估。

另一个弥补亏损的聪明办法是永远不要满足监察机构的追加保证金的要求。如果你接到了追加保证金的通知，你的头寸会显著地持续恶化。你能够得出的另一个结论是，你的账户内已经没有足额的资金继续持有头寸了。追加保证金的通知是你的叫醒电话，它提醒你是时候平仓然后重新评估自己的状况了。你可能会发现，承认自己在一笔交易中出现失误是很难的，但是，你也无法坦然承认你已经预计到将会为这笔交易追加保证金。这笔交易显然没有如你预期的那样开展。依据我的经验，如果你坚持到底的话，十有八九情况会更糟。如果你仍然坚信这是一笔好的交易，你可以一直等待直到资产的价格触底，你再以一个更低的价格买入。像你我这样的凡人，天生不具备能够泰然面对追加保证金通知的素质。保证金通知只会向你尖叫：你搞砸了，你的钱正在掉进无底洞里。离开这里吧，重整旗鼓，如果这笔交易之后看起来还不错就重新开始交易！就这样！

平均位置可入天堂，而非地狱

这则寓言的另一番推论是，永远不要平均化亏损的交易。平均位置是指在特定的时间间隔内进入或退出交易的做法。你可能计划买入 5000 股微软的股份或 100000 蒲式耳的玉米或大豆。相比一次性买入全部资产的方法，你可以慢慢地买入，一点点地追加原始的头寸。你可以一次性买入 1000 股，分 5 个交易时段购买。这个交易时段以价格的水平作为区分。例如，你每次购买微软股份时价格都上涨 0.1 美元或 0.2 美元，每次购买玉米合约时价格都会上涨 5 美分，直到你累计购买了 5000 股微软的股份或 100000 蒲式耳的玉米。你也可以按照同样的方式抛售头寸。例如，微软股价上涨了 0.5 美元，并且上涨势头仍然强劲，你就可以先卖掉 1000 股赚取 500 美元的利润。这笔盈利降低了你整体的买入成本。每次微软股票或玉米价格走高，你都能获得更高的利润、降低每股的成本，直到你将股份全部卖出为止。随着股价越来越高、你所持股份越来越少，你身上的压力也随之减少，你就能够从市场获得更多的能量。

平均步入或退出交易可以减少一些人的交易压力，但你不想做的是在市场下行的时候平均化。当你买了几千股的微软股份，股价下跌了 0.5 美元，你决定以一个明显更低的价格买入更多的股份。在本案例中，你在一个下行的市场行情下买入了越来越多的股份。是的，股价确实变得更便宜了，但同时你的整体头寸正在损失更多。

不要拯救亏损的股票

总存在一些时候，交易者发现自己的交易正在亏损。尤其当一些交易者遇到重大亏损时，这会唤醒他们心中极大的恐惧。或者，他们只是无法承认他们错得那么离谱。他们没有立即抛售手中亏损的股票，而是试图调整交易策略以期能够神奇地扭亏为盈。他们如何着手创造奇迹呢？他们可能会尝试用卖权套现获利，或者卖出亏损的多头头寸的看涨期权。正如我那可怜的爱尔兰老祖父曾经说过的话："夫人，永远不要妄想将一只猪耳朵变成丝绸钱包。"你越迫切地想把一笔赤裸裸的亏损买卖转变成为世界级的赚钱生意，你就越会深陷在财务危机中难以自拔。回到起点，就像拉斯维加斯的淘金者所做的那样。结局是，你仍然无法成为一名富人。

你不是一名服务员，不要理会交易提示

对于一名交易新手，避免听从交易提示是一条令人费解的规则。首先，你被告知需要得到一名导师的帮助，由他引导你进入交易丛林。你需要依仗此人教会你如何避免被绊倒，如何发现陷阱。现在你又被告知不必理会交易提示。如果你的导师恰巧是一名非正式的导师，你是在公共交易大厅遇到他的，这个人恰好有比你丰富得多的经验并且对你非常友善，那么这种规则将变得更加令人迷惑、费解。这种情况非常普遍，交易大厅的经理将这样的人安排坐在你的身旁，因为他知道这个人非常热心帮助交易新手。你的这位导师与你分享他每天计划交易的对象，告诉你他的逻辑判断、研究和策略。那么，这到底算是交易提示还是交易培训呢？

这是培训，不同之处在于交易提示只是一种贫乏的建议。"今天做空戴尔。""快买入斯普林特，现在形势非常好。"采纳一条交易提示，做出自己的研究判断，得出合理的推论，即这条交易提示是一个合理的交易建议，这样的做法并没有错。或许你也正在思考交易斯普林特的可能性。你确认过整体市场趋势是上行的，你查看了电信类行业的股票指数和斯普林特长期、中期和短期的价格图表。这只股票已经在反弹，它的短期移动均线刚刚开始走高而长期移动均线正在走平。成交量看起来也不错。这不再是一个交易提示，这是一次交易机会。但如果立即就采纳这个交易提示进入交易环节就是一种赌博行为，是愚蠢的。

这里有一个经典的案例，来自日内交易的鼎盛时期。一位交易大厅的能人总是坐在房间的最后面，他交易的都是一些成交寡淡的股票。每隔一段时间，他会大喊某一只股票强势走高，他假装在自言自语："干得好，西皮亚！涨了两个点，继续保持呀！"很快，其他的交易者全部跑去关注西皮亚，因为这位人物在大宗交易中很有声望。接下来，整个交易大厅将西皮亚的股价推送至更高的位置，它又涨了 5 美元。随着交易大厅里高涨的激情，坐在最后面位置的那个家伙抛售了他手中几千股的股票，从他的交易伙伴那里收获了丰厚的利润。想必你已经猜到了结局，新一轮反弹失败，其他凑热闹的交易者亏得一塌糊涂。

那个人做错了吗？他违法了吗？如果这位交易者是一名注册经纪人，他的这种做法被称作抢先交易，是一种严重违反证券规则的行为。当一位经纪人持仓某一只股票，然后卖给他的客户时，就发生了上面这种情况。当其他人一同购买这只股票时，股价被抬高，他清理头寸以获取盈利。从技术上来讲，这种行为并不违法。他没有职业资格，也并没有向其他人推荐这只股票。他只是欺骗了他的交易伙伴，将他持仓股票价格抬高。从道德上讲，他是一只蜥蜴，但交易大厅也有责任采取措施避免其他人上当受骗。

　　这个故事说明了两个道理。第一，谨慎选择你在交易大厅的交易伙伴，选择加入一个交易大厅无异于加入任何团体或派系，那里有好人也有坏人。当我们的孩子进入了一所新的学校或进入军队服役时，我们都会为他们将如何改变捏了一把汗。这对他们来说是好是坏？他们会不会加入一个群体一起逃课、抽烟，或做出更坏的事情，如吸毒？或者他们是否会加入一群志在进入常春藤盟校的孩子团体？在任何组织中你都会接触到好的影响和坏的影响，时刻保持小心谨慎为妙。

　　在交易的最初阶段，选择在交易大厅度过可以让你少走弯路。如果交易大厅的经理和交易者愿意与你分享经验，那会是一条捷径并帮助你避免掉入陷阱。但如果你与夸夸其谈的人为伍，那么你将付出高昂的代价却所获无几。我遇到了很多成功的交易者，他们在交易大厅度过了一段时间，然后决定在家中或办公室内交易。他们尽量学习，但他们并不喜欢不得不去辩解或维护自己交易策略的交易大厅的氛围。有一位交易者告诉我，他离开交易大厅是因为他不喜欢其他的交易者总在试图与他讲他不喜欢听的事情。由此可见，交易大厅并不适合所有人。

逢高减磅

　　这个故事的第二个教训是：记住那个坐在房间最后面的小鬼。我讨厌他煽动别人哄抬股价，但我欣赏的是他非常清楚何时应该卖掉股票。始终都要杀跌。如果你学会了及早退出市场，你就能够在退休时更加快乐和富有。那些总是想从储蓄罐中拿走最后一分钱的人，当市场形势逆转时，他们会被套牢。

　　有一句古老的华尔街谚语值得一听："形势大好时，好消息蜂拥而至；形势跌入谷底时，坏消息满天飞"。还有一句亦然："牛市攀升到了令人担忧的位置"。我的观点是，永远关注你的技术信号。交易信息与交易提示相类似。如果没有自己的研究分析作为后盾，这就是傻瓜的赌博游戏。技术信号会告诉你此刻真正发生的是什么，真相并不是公众所猜测的那样。大众越兴奋、市场越强劲，就越有可能发生逆转。否则，如果趋势是上扬的，那就继续持仓，无论分析师怎么说或者如何担心。

耳听八方，保持怀疑

在以往的章节中，我们讨论过证券交易所的专家经纪人，尤其是纽约证券交易所。他们是秩序与理性的守护者。但你永远不要认为他们是和蔼可亲的，分析师也一样。

专家经纪人非常强大，他们如此权威，你不得不向他们臣服。想一下他们拥有什么样的权威和力量。除了能够暂停交易，他们还能够买卖自己以及综合账户中的股票，其中的资产可能属于友好银行或富裕的投资者。他们可以凭借自己的喜好操纵股票的价格。例如，如果利好消息冲击了交易大厅，专家经纪人就可以卖掉他自己的或者综合账户中的股票。一旦股价涨得足够高，他就开始抛售，并施加足够大的压力停止趋势的变动。然后，如果他愿意的话，他可以做空股票，驱使股价下跌，然后在低位时买入以抵消做空的头寸，享受一次有利可图的云霄飞车之旅。因为他是唯一一个能够看清股价和买卖规模的人，他可以比别人提前洞悉趋势与盈利机会。有点儿意思，是不是？

你是否见过一名为大型经纪公司工作的分析师不喜欢某只股票？分析师并不负责了解为什么股票被卖出。在我看来，他们是营销团队的一部分，就像销售经理。当安然的股票在 2002 年跳水后，多少名分析师在向客户兜售这只股票？又有多少分析师建议做空它？如果我没记错的话，仅有一名分析师发出过警告，说这只股票不太对劲。而分析师所采用的技术方法加强了他们关于看涨的看法。所有人都在强势购买或持有。而看跌的分析师就如同有道德的政客般稀少。

所有的交易者都是岛屿

约翰·多恩（John Donne）可能会不喜欢最后一条规则，但它确实存在。你在开展自己的职业生涯时会尽可能地消化所学的知识，我将它称作规则。你必须形成自己特有的交易体系，你有两个基本的选择：凭借直觉获取的体系或机械呆板的体系。凭借直觉的交易者是自发性的，他们依据本能和预感进行交易。最为成功的直觉型交易者拥有数年的交易经验，而其中大多数人是从机械地交易开始的。一旦他们掌握了规则，对某些市场形成了敏锐的直觉，他们就变成了直觉型交易者。你在交易大厅最常碰到的就是趋势日内交易者，他们的才能就是找到变动最快的股票，然后从多头调整为空头，或随着市场行情的起起落落跳进或跳出。这种交易类型在十进制引入之前以及20世纪90年代的牛市巅峰时期非常有利可图。

秉持着机械的交易体系的交易者更像是一名技术型交易者，这也正是我向短期交易或波段交易的初始交易者推荐的交易方式。一旦你形成了一整套交易策略并掌握了所有基本交易技巧，你就可以按照自己的方式开展交易。这也是你真正成为交易者的时刻。你形成自己独特的交易信号，就好像布莱恩·香农形成了唯一适用于他的移动均线一样。现有的这些改良后的方法和经过证明行之有效的方法使得布莱恩形成了自己独特的风格。当你抵达这个阶段时，你的自信心暴增，这会使你允许自己偶尔绕过规则。但是请不要打破它们，至少不要经常这样，尝试愚弄交易的本质将不会是愉快的体验。

让我们聊一聊波段交易规则，因为有相当一部分的短期交易者使用的是这种技术。我将波段交易定义为持有一个头寸至少超过一个交易时段。实际交易时间可能仅持续几个小时，从一个交易时段的末尾持续到下一个交易时段的开始。从技术上讲，日内交易持续的时间更久，而我所做的区分就是在交易时段之间持有交易。

一个大问题通常随之产生：如果在交易时段中间出现了周末该如何是好？如果你完全排除周末持仓的可能性，你就只能在周五进行日内交易。周末持仓是一个个人的选择。我倾向于结合市场的系统性波动以及被交易股票的贝塔值两方面因素来做决定。换句话说，如果市场形势整体上并不明朗，并且我感觉到周末可能会发生一些事情，从而导致市场与我所期待的情形背道而驰，那么我就会在周末前平仓。如果这只股票或商品的贝塔值很高，那么这种判断就显得尤其正确，这意味着它对市场或所属的行业指数非常敏感。

印证这种方法最显著的例子是2001年9月11日的恐怖袭击事件。这场重大的恐怖袭击事件导致几乎所有市场关闭了一周的时间，其他世界范围内的市场交易量骤减。随后美国市场开盘，接着它们崩盘了。这是一个恐怖的例子，但它可能在一个更小的范围内重现。一个星期五，市场已经出现了明显的波动，我也刚好认为在这个时间开展一个波段交易是愚蠢的。但是，如果被交易的市场在一整周的时间里都出现了有利于我的趋势，那么在周末时间持有波段交易也是合理的。波段交易的巨大风险是发生在交易的正常时段，即周一至周五的时间。而其中有一项风险是发生在周末，即周五至下一个周一的时间，在这段充裕的时间内可能会发生一些事情对你所持有的头寸有着相当负面的影响，而你对此束手无策。止损订单无法在周末发挥作用保护你，你也无法在收盘后退出交易。再一次强调，要遵守规则。在开展交易的最初半年内，你最好还是在周末平仓。

当然大多数时候还是取决于你是如何交易的。例如，关于隔夜持仓的一般性规则是，假如这样做能够给你带来收益。记住，趋势如同岩石滚落山崖，它们的运动趋势会一直延续到遇到阻力。如果你持有长仓并且趋势是向上的，那么你就拥有这只股票第二天仍然会保持向上的优势。但如果第二天开盘时股价并未持续向上，那么赶紧见好就收。因为股价的下跌属于突发事件，它已经修改了交易的属性。此时，你站在无人管辖的区域。

强势收盘、强势开盘；反之亦然

另一种可能性是，你的收盘形势十分疲软，乏善可陈。那么你会怎么做？在收盘后退出交易？这种判断需要基于被交易股票的历史表现和它在收盘后的流动性情况才能够做出。许多交易者会选择退出交易，在第二天寻找一个更好的头寸。截至目前，我认为市场开盘和收盘显然是任何交易日中最为重要的时点。对于大多数交易者来说，他们无法一整天都站在交易显示屏前做出是否在开盘时或收盘时进行交易的安排，或者幸运的话在开盘时和收盘时都做出安排则更为罕见。按照这种方式，他们已经能够有70% ~ 80%的概率捕捉到交易的好时机。我所说的开盘时段和收盘时段分别是指纽约东部时间上午 7：30 到 10 点，以及下午 2 点到 4 点。

关于开盘，我想做出一点提示。开盘后的 15 分钟是不稳定的，股价起伏不定。原因是全美国的零售经纪人在开盘前已经积累了成千上万的订单，他们的客户在上班前打来电话为他们当天的交易做好安排。同时在线交易者也会通过电子邮件将订单发给他们的经纪公司。在交易开始前你通常需要等待系统处理完积压的隔夜订单。只要具备一定的经验，你就可以轻松处理好这件事情。

收盘情况也可能会非常棘手。在这个行业中我们会说："开盘属于业余交易者，而收盘属于职业交易者！"因此，通过仔细观察收盘情况可以找到第二天行情变化的线索。你曾有多少次见过市场行业在一天当中萎靡不振却在收盘前发生了逆转？这是因为专业人士（包括机构投资者、公共基金、对冲基金和经纪公司）在晚上调整了他们的投资组合。而对于专家经纪人或做市商来说，在收盘前逼空也是很普遍的现象，尤其是在周五的时间。没有比此时更好的时机，将对上帝的敬畏植入那些消极的做空卖家的心中。

我们再次回到开盘后的价差，很多交易者期待价差能够消除。因此，如果一笔交易的价差在开盘后愈加明显，那么会有不少交易者选择做空以期消除价差，尤其是当成交量在平均水平或者低位而价差达到了顶点时。价差持续的时间可能是短暂的，并且这种情况需要价格的回撤以消除价差。一旦发生价格回撤，你就可以捕捉到另一个买入机会，但这必须被视作一次全新的交易。

在一次波段交易中，你应该停留多长时间呢？就像任何其他的交易，你必须在进入交易前就计划好如何退出交易。事实上，计划好两种退出方案。方案一：一旦你开展交易后发现，趋势并不如你期望的那样发展，你的应对措施是什么。不要为一笔交易的发展等待太长时间，尤其是当这是一笔计划好的交易时。如果你必须等待，你很有可能入市太早或者你的分析与趋势不符。将你的交易在脑海中具体化，一旦你无法做出想象，就要果断退出。这可能发生在 1 分钟、1 小时、1 日或数日，取决于你的时间架构和交易风格。

如果这笔交易如你想象中的那样发展，那么要在达到你的目标价格后退出交易。同时，你需要监控成交量、期货合约指数、股票分类、纳斯达克或任何你所交易股票所属的证券交易所，以及各种消息。你要不断地询问自己："是否发生了任何将会影响股价达到或超过我的目标价格的事情？"如果没有任何事困惑或鼓励你，那么你应该在股价达到你的预期后结束交易或者放置一个密切追踪止损措施。

当进行波段交易时，使用止损措施，就像你在任何其他时间所做的。如果这笔波段交易是一笔设置型交易，那么你应保持密切的止损措施。但如果你在一定趋势内交易，并且该趋势已经持续了好几天，你可以继续持仓并将止损措施放宽一些。你可以把止损价格定在比过去几日的最大日价格波动多出几美分，或者比一个多头交易的最后支撑区域略低一些。

预测！预测！预测

就像一个古老的笑话里描述的，什么是一家好的零售商店最重要的三个品质：位置，位置，还是位置。什么是一名好的交易者最重要的三个品质：预测，预测，还是预测的能力。你必须想在市场之前。这就好比下象棋一样。如果无法预测对手接下来的 10 步将如何走，那么他无法成为一名象棋大师。显然，如果我们能够精准预测任何市场的变动，我们只需闭上嘴就能够成为百万富翁。我的观点是，你必须不断地尝试为下一次的变动做出调整。如果你做不到，你将错失良机。

此外，你必须使自己免于犯错，因此需要使用强制止损措施。强制止损是指那些能够使你真正退出交易的止损订单，而非头脑层面的止损，它们可能生效也可能不生效。永远记得职业交易者与业余交易者之间最大的差异，即职业交易者以交易为生，他们在真相澄清以前就需要采取行动，而业余交易者会一直等待确认。

职业交易者杀跌业余交易者，后者获取的利润被认为是傻钱。这在股票分割时可以被清楚地看到。职业交易者会观察股票，比如，这里有一种分割的模式。这家公司召开了一次非例行董事会会议，公司的销售势头和盈利势头都非常强劲，股价也在上升。职业交易者开始买入，任何密切关注了或是监测了市场指标的人都能够看出来，其成交量和股价节节攀升。公司公告了股票分割的消息，在接下来的交易日开盘时，股价强劲上涨，而不久之后就开始急剧下跌。

这种情况你已经见过多少次了？如果股票分割是实力的信号，那么又是什么导致了开盘后的回撤呢？答案是，职业交易者在预见到会进行股票分割时就买入了股票，而业余人士仍在傻傻等待。当业余交易者冲进来想赚一笔时，"魔鬼"将他们赶了出来。专业人士在强劲时卖出，在疲软时买入，这是你必须学习的。可能专业人士与业余人士之间并没有明显的区分。专业人士每天都能够做到，通过简单感受是买家多于卖家还是卖家多于买家来辨别技术信号和理解市场动向。

你读到的这一切听起来是那样简单，但那是需要投入很多经验和努力才能够做到的。这最常指的是热情，尤其是对市场的热情。另一种说法是，成功的交易者要对驱动市场变化的东西存有永不满足的求知欲。答案是如此复杂，相对于市场的内部运行机制，它更多地与交易者的心灵有关。这便是本书最后一章的主题。

失去专注力，就会失去金钱

现在，让我们开始讨论本章第一段内容提到的第二个关键因素：专注力。我想以一个与我工作过的交易者的故事作为开始。让我们称他为弗兰克，他非常聪明，进入了市场智慧交易学校进行学习。毕业后，他开始到我们的交易大厅进行交易。我们通常会在开盘前和收盘后见面讨论一天的交易信息，这是一种非正式的导师指导环节。有一天，我不得不去办个小差事，我从后门走了出去。当时弗兰克正在吸烟，并在与其他交易者交谈。我停了下来，询问他们是否还有未平仓的交易。唯一一个还在持仓的人就是弗兰克。我毫不迟疑地告诉他，你不能把一笔未完成的交易丢在那里无人监控，这是我在航海时学到的经验。那时正值纳斯达克市场剧烈震荡。

长话短说，弗兰克被市场踢出了局，他失去了两笔大额风险资金。原因并不在于他不懂市场或是他不够聪明，而在于专注力。他无法一次性坐下来几小时集中注意力在交易的本质上面。

你能做到吗？有没有任何交易技巧能够帮到你？事实上我认为，交易者在交易的过程中很容易发生 1 ~ 2 次失去足够的交易动机的情况。尽管如此，我感觉交易者以一种积极的方式保持与市场的互动是很重要的。如果你能够在交易中保持专注，就更容易在交易中取得成功，你甚至会很享受交易的过程。

例如，我们之前提到过的，在市场开盘前，你需要听一听彭博、CNBC或是其他什么节目来感受一下世界的心情。在你睡觉的时候，世界上其他地区的市场是牛市还是熊市？一个完整的仪式就这样安排好了。现在让我们更进一步，进入交易时段。

创建一个每日交易日志。记录下每个交易日发生的所有事实以及预期发展情况，你甚至应该记录周末发生的事件。回想一下第二章和第三章的内容，你被问到了很多关于对市场的激情的问题，并被要求将对交易的准备工作仪式化。现在，将所有这些内容记录进交易日志。这将成为你的一份交易历史，供你和你的导师在每一个交易日中详细讨论。在你刚开始交易时，这种互动显得尤为重要。当你已经成长为一名真正的交易者时，你可能只需要每周见一次导师。最终，你的导师指导环节可能变为每月一次，每季度一次，或是仅在需要时碰面（当一些事情发生了变化，你认为有必要与导师见面时）。回到我们关于高尔夫球的类比。泰格·伍兹什么时候会安排和他的挥球教练见面？当他感觉他需要教练的时候。并且，如果导师看到一些事关系到泰格时，他就会联系泰格。你需要与你的导师发展成那样的关系。

以下是一些可能构成你的交易日志内容的东西。我是说可能，而非应该，因为你需要为自己量体裁衣。很多日志会有一些共通的内容，比如：

- 隔夜市场，如欧洲的、亚洲的等。
- 在美国股票市场开市前的美国期货市场，如债券、纳斯达克等。
- 期货交易者会查看全球期货交易系统的隔夜活动。
- 隔夜市场的态度如何？
- 今天要交易的股票、昨天的活动以及收盘情况。
- 今日的交易计划——订单、买入、卖出、目标、止损。
- 交易形象化——你计划如何展开你的交易？
- 你的思想状态的心理反射。
- 今日交易候选股票的分类总结。
- 今日候选股票的主要股指总结。

- 新闻——隔夜的和今日计划发布的（报告、盈利、美联储会议等），
  以及预期影响。
- 任何其他需要追踪的影响因素。
- 交易日
  - ✔ 市场前交易
  - ✔ 开盘前：6：00 ～ 7：30
  - ✔ 开盘：7：30 ～ 8：00
  - ✔ 开盘后：8：00 ～ 10：30
  - ✔ 午间：10：30 ～ 13：30
  - ✔ 收盘前：13：30 ～ 15：30
  - ✔ 收盘：15：30 ～ 16：00
  - ✔ 收盘后：16：00 ～ 17：00
  - ✔ 盘后交易
- 回顾当日交易。

期货交易者自然有不同的时间表，这取决于他们的交易标的物所属的市场，其中大多数市场开盘时间是不尽相同的。然而，每日记录交易日志的目的是迫使你集中注意力在游戏当中，在交易初始阶段建立良好的行为习惯，并为你和你的导师提供交谈时必要的信息。如果你无法提供确切的事实，没有记录好你是如何进行交易的以及你在交易过程中的感受，你就无法从导师那里得到你所需要的真正的帮助。

|第九章|

坚 持 到 底

我曾在以前的章节中提到过，我的第一条交易准则是成为一名非常自律的交易者。这条准则说起来很容易，但人们如何做到自律——这个纪律性中最难做到的一种类型？我认为，一旦你开始交易，有一些重要的步骤你需要实施。我也建议你尽可能多地亲自策划，这是集中注意力在你需要改进的行为上的唯一方法。

请记住，我们的关键准则之一就是生存。当你意识到自己在正确的时间、处在正确的位置时，你就会想生存下去并进行交易。按照你喜欢的方式称呼它：在游戏中坚持下去，保留你的资本金为可能到来的机会做准备，在你的交易蒸蒸日上之前生存下去。作为一名求生存者，你如何衡量你的表现？

要生存下去，是否具备迅速止损的能力很关键。这里有一个技术方法，帮助你评估在这个至关重要的领域中你做得是否足够好。首先，你需要了解平均值中标准差的概念，这是一个量化随机事件的方法。你也必须接受这样一个事实：你每天发生亏损和抛硬币猜正反面一样，是随机发生的事件。你将这些随机事件为你所用，意味着作为一名交易者通过有效地控制风险、保护好自己的资本金，最终取得了财务上的成功。

事实上，不仅仅是亏损的交易，你操作的所有交易都是随机事件，正如我们之前在区分赌博与交易时讨论过的那样。每一笔交易都是独立存在的。完全接受这个概念能够帮助你面对一连串的亏损，防止你做一些蠢事，比如你已经遭受了一连串的损失，却抱着老虎机能够补偿你的损失的想法，将赌注加倍。

为了便于理解这个概念，我来讲一讲一些基本的统计学概念是有帮助的。我们经常讨论的概念之一就是波动性，尤其是你正在交易的市场所具有的波动性。你知道，一只股票、期权、期货合约的波动性越大，它所代表的盈利机会就越大，风险也就越高。对于你经历过的亏损，这个基本观点是正确的。你的损失越大，对交易的掌控度就越弱。

我所建议的是，尤其是交易的最初 6 个月，你需要评估每日损失的波动性。你只需要关注损失，而非你的盈利。为了阐述这个原理，让我们评估一位假设的交易者两个月的交易：第 1 个月和第 6 个月。我们假设 1 个月有 20 个交易日，以便做数学计算时简单一些（在任何交易年度中，每月的交易天数大概都是 22 天）。在第 1 个月里，这名交易者发生亏损的天数达到了 60%，或者说 12 天，而在第 6 个月里，他将损失天数比率降到了 50%。请记住，我们只评估他的损失天数的波动性。这与整体盈利情况无关，无论他的损失天数的比例是多少，只要他保持盈利的状态并且及时止损，他就能够实现净盈利。表 9-1 显示了他作为净亏损者的那些天的亏损情况。

从毛利的基础上来讲，第 1 个月看起来要好一些，因为亏损的金额更低。从平均值的基础上来讲，第 1 个月的表现仍然是更好的，因为日亏损额不到 250 美元。但比较两个月表现情况的最有意义的方法是，计算两者的标准差。

表　9-1

（单位：美元）

第1个月	第6个月
（355）	（500）
（267）	（467）
（100）	（605）
（799）	（555）
（99）	（465）
（1345）	（524）
（67）	（444）
（36）	（489）
（299）	（588）
（169）	（857）
（88）	
（22）	
总计（3 646）	总计（5 494）
平均304	平均549

为了理解标准差是如何计算的，让我们回到那个抛硬币的例子。在成千上万次的试验中，我们已经证实了一枚平衡的硬币抛出正面向上和反面向上的概率是一样的。通过快速地运算数学公式，你就能够看出如何按照同样的计算过程得出你的每日亏损的标准差，以及你能否控制它们。

你可能记得高中或者大学的统计学课中，有这样一个经典的例子，即抛出硬币225次，或者15枚硬币各抛15次，这个练习得出的理论结果如表9-2所示。

表　9-2

组别	正面次数	反面次数	合计次数
1	1	14	15
2	2	13	15
3	3	12	15
4	6	9	15
5	8	7	15

（续）

组别	正面次数	反面次数	合计次数
6	7	8	15
7	10	5	15
8	11	4	15
9	9	6	15
10	5	10	15
11	6	9	15
12	4	11	15
13	2	13	15
14	1	14	15
15	0	15	15

你每一次做这个试验，结果都会有一些变化，但奇怪的是结果会更加趋同。我们都相信抛硬币得出正反面的概率各占50%。如果它的机制原理并不是随机且公平的，我们也就不会据此做出如此多的重要决策。这就好比通过抛硬币决定谁来踢一场足球赛的首球。如果你并不认为抛硬币是一种公平决断的好方法，那么当来自两只职业足球队的4名队长环顾在你周围簇拥着你时，你又该怎么做？

接下来就需要计算一系列抛掷的平均值或算数平均数。之后，我们再来计算平均值中的标准差，以用来衡量波动性。你不必太过担心这些数学运算，我将为你展示如何使用Microsoft Office Excel或是一些类似的计算机程序在短短几秒的时间里完成上述运算。所需要的操作非常简单，不过是移动鼠标点击几下而已。

平均值是将抛出某一面事件结果（正面或反面、盈利天数或亏损天数）的数量乘以抛掷次数，再除以事件结果的总数得来的。表9-3显示了所有抛掷出正面向上的结果。

根据预测，平均值大约是7.5，或者随着时间的推移抛出1000次硬币，每隔一次就会出现正面向上的情况。如果你是那个不得不在足球场中间抛硬币的人，这样的结果会不会使你感觉到更加安全？

表　9-3

抛掷次数		抛出正面结果
1 × 1	=	1
2 × 2	=	4
3 × 3	=	9
4 × 6	=	24
5 × 8	=	40
6 × 7	=	42
7 × 10	=	70
8 × 11	=	88
9 × 9	=	81
10 × 5	=	50
11 × 6	=	66
12 × 4	=	48
13 × 2	=	26
14 × 1	=	14
15 × 0	=	0
抛掷总数 =75		正面总数 =563
563 除以 75	=	7.506 7

　　接下来的步骤是计算平均值中的一个标准差，它将告诉我们 2/3 的随机事件能够被预测到。例如，我们在这个练习中想要达到的目标是确定我们损失的一致性是怎样的，而这些都是随机事件。他们发生得越紧密，我们的一致性就越高。损失的一致性是至关重要的，因为它表明了控制性。因此，平均值的标准差越低，我们的一致性就越高。

　　正如我之前提到的，这个计算过程很简单，使用一些小的电脑程序或软件（如 Microsoft Office Excel）就可以解决。这里就是计算的步骤：

　　1. 打开一张电子表格，输入需要评估的每天的损失。

　　2. 在一列中输入数字。使用 A 列代表第 1 个月，B 列代表第 2 个月等。因为我们评估的是第 1 个月和第 6 个月，所以我们使用的是 A 列和 F 列。录入后就生成如表 9-4 所示的表格。

表　9-4

A	F
355	500
267	467
100	605
799	555
99	465
1345	524
67	444
36	489
299	588
169	857
88	
22	

3. 选中第 1 列（A 列）的数据。

4. 将你的鼠标移动至“fx”并单击，在弹出的对话框中“或选择类别”栏中，单击并选择“统计”功能。在“选项函数”栏中滚动至“STDEV.S”并再次单击，然后选择“确定”键。

5. 对第 2 列（F 列）重复上述步骤。

在这个例子中，答案是：

391.8186（3.9%）　120.6401（1.2%）

这名交易者取得了实质性的进步，他的损失标准差从将近 400 降至大概 120，结果提高了超过 300%。换句话说，在控制自己损失的一致性方面，他增强了 3 倍。

控制损失对于生存来说至关重要，但那与盈利能力无关。作为一名交易者，你必须清楚每一笔交易、每一天、每个月以及总共能够承担的损失是多少。如果你损失太多，在这个交易周期里你就会出局。另外，你没有必要计算盈利的标准差。为什么？因为盈利的交易不一定要有一致性，你拿走市场所给予你的东西。在一种情况下，你做多并持仓，直到它达到一定水平的阻力位。你看到成交量下跌，移动均线变得平坦，最终以 500 美元的利润退出交易。还有一次，同样的股票冲破阻力位，以大额成交量最终收获 5000 美元的利润。在每一种情形下，你收获可以获取的利润。

对于损失来说，情况就不同了。你必须控制住它们，必须设置某种限额。如果你正在止损，损失必须具有一致性。正如我们在讲止损订单时讨论过的，对于交易者来说，设置一个最大止损限额或比例是很普遍的做法。如果你设置一个金额，使用标准差来衡量你的一致性情况将会很有帮助。使用百分比将会随着被交易资产的价格而波动。然而，如果你的交易模式是始终如一的，那么计算你每日亏损的标准差将会使你更加满意自己的表现。

回想我们讨论过的技术分析，我们说任何交易都有 5 种结果：大额盈利、小额盈利、大额亏损、小额亏损或盈亏平衡。使用我们迄今为止讨论过的两种工具——每日（或任何交易周期）亏损交易的平均数和亏损的标准差，我们就可以量化和评估我们使用规则止损的执行情况。

在我们的例子中，第 1 个月的平均亏损是 304 美元，第 2 个月提升至将近 550 美元。但是标准差或者说每日亏损的波动性从 392 降至 121。发生了什么？这是积极的情况还是消极的情况？上述信息仅揭示了等式的一边。最终的答案始终驻守在账目的盈利那边。然而，这位交易者已经消除了亏损中的波动性。请注意，当他损失超过 1300 美元时，他似乎退出了交易。这是一个常见反应，同时也是努力保持低持续亏损的另一个原因。在第 6 个月里，这名交易者似乎为自己的亏损设置了一个大约 500 美元的限额，你刚好可以在此处找到他的止损订单。

同时，你也会期待自己的交易水平能够大幅提升。这也就说明了交易者愿意承担更高的亏损的原因，从 3646 美元上升至 5494 美元。我也会使用毛亏损这个指标，它包含了佣金及手续费。而一些导师不会将这两项费用囊括在他们的账簿中。我看待这个问题的方式是，由于交易活动的发生，这些费用已经从账户中扣除了。不支付佣金和手续费，你是无法进行交易的。因此，任何忽视这些项目的会计报表对我来说都是没有意义的。

除了考虑亏损的平均数和标准差，你也需要考虑损失持续的时间。你的账户呈现赤字已经多长时间了？这个概念通常是指资金回撤。在最开始交易的 3 ~ 6 个月的时间里，我建议你以天数和金额衡量亏损。在我们上述的例子中，第 1 个月有 12 个亏损日，第 6 个月有 10 个。追踪这些亏损日中有多少天是连续发生亏损的、持续最长的时间是多久以及亏损天数的比例是多少是非常重要的。

第 1 个月的结果可以被这样解读。首先，你需要使用的是被测量区间内的交易天数，而非市场开盘的总天数。如果 1 个月有 22 个交易日，而交易者在其中两天没有发生交易，那么应该按照 1 个月 20 天进行计算。第 1 个月的统计资料详见表 9-5。这个月的亏损天数占比为 60%（12/20），最长连续亏损天数为 3 天，这种情况发生过两次。

表 9-5

天数	亏损	盈利
1	X	
2	X	
3		X
4	X	
5	X	
1	X	
2	X	
3		X
4		X
5		X
1	X	
2	X	
3	X	
4		X
5		X

（续）

天数	亏损	盈利
1	X	
2	X	
3	X	
4		X
5		X
	12	8

我们看到的这些信息也许毫无意义，因为它太过粗略，结论也可能站不住脚，但如果你真心想成为一名职业交易者，这便是一个好的开始。千里之行始于足下，上面的这些数据将随着你的交易时间的延长而变得越来越具有参考价值。如果你已经开始交易了，那么回到刚开始交易的时刻重新记录下这些信息。如果你才刚刚开始交易，那么就从此刻起养成良好的收集和监控交易行为的习惯。这种习惯将有助于你专注于交易的结果。这是取胜的关键所在。

一旦你收集到了 6 个月或 1 年的统计数据，你将开始看到重要的模式。其中最重要的一条就是，你需要花费多长时间能够从一连串的亏损中走出来。你会遇到连续的亏损，如果你无法处理好它们，你需要尽早知道，否则你会被踢出局。

当你审视自己收集到的这些事实时，每个月或者每个季度（这取决于你的成交量）问问自己以下这些问题。更好的是，由你的导师来询问你。顺便说一句，在市场智慧交易学校里，我们通常会讲，你需要操作 1000 笔交易或者花费 3 个月的时间才能够真正对纳斯达克市场和软件交易平台有感觉。即便到了那个有感觉的程度，如今的交易软件有许多有价值的巧妙用途，需要你花费更长的时间才能够掌握。交易机制是非常重要的一个方面。

1. 你发生过的最大的一次资金亏损的情况如何？

2. 你花费了多长时间从这次亏损中走出来？

3. 你最大的单日亏损情况如何？

4. 你发生连续亏损的情况最长持续了多久？

5. 你亏损的频率如何？

6. 你的亏损日的标准差趋势是怎样的？继续将这些数据变成图表。

7. 每周亏损日的比例趋势怎样？将它制作成图表。

那个成为你的正式或非正式导师的人，应该是你的亲密知己。你应该回答这些问题，表达出每一次损失或是累积的损失带给你心理上的影响。例如，让我们给出问题一的答案真的让人心碎。你实际损失的比自己能够承受的最大单笔交易亏损金额还要大，假如这个亏损额占你的交易资产金额的25%。这让你感受如何呢？你如何面对它？这类问题的答案将决定你作为一名交易者是否能够生存下来。因此，你应该将这些问题同那些不仅仅抱有同情心的人一起讨论。这样的人必须具备相当丰富的经验以便能够帮助你制订恢复计划。

你是否开始认为我对于亏损太过偏执？我是否太过较真了？或者，我是否花费了太多的时间在这个话题上面？我的答案是：是的，不是，不是。我确实对亏损非常偏执，原因汇总在表9-6所示的亏损恢复表格中。

表 9-6

损失（%）	收支平衡（%）
5	5.26
20	25.00
30	42.86
40	66.67
50	100.00
70	233.33
90	900.00
100	不可能

你给自己挖的洞越深，逃出来所花费的时间越长、任务越艰难。这如同攀爬一座陡峭的沙丘。你可以将一些损失合理化，将其归类为学习成为一名职业交易者不得不支付的学费。这种做法是合情合理的。但你必须小心，不要形成这样的思维模式，否则你会发现自己深陷其中、无法自拔。还有要

注意的是，从 5% 的损失中恢复过来只需要花费 5.25%。这也正是许多职业交易者将他们的多头头寸的止损比率设置在买入价格的 5% 以下，将空头头寸的止损比率设置在买入价格的 5% 以上的原因。我们这个时代最好的交易者之一是保罗·琼斯（Paul Tutor Jones）。杰克·施瓦格在他所著的《金融怪杰》一书中引用了保罗先生的一句话："交易最重要的规则是做好防御，而非进攻。"我非常认同。如果你能够使自己免于陷入经济危机，你就不会被市场踢出局。如果你能够在这个旋转木马中待得足够久，你就有机会获得成功。

你可能在想，若我果真如这个家伙所说的会亏损那么多钱，我怎样做才能盈利呢？作为一名投机商，盈利就好比在棒球比赛中击球一样。很多伟大的本垒打击球手不也被认为是经常三振出局的人吗？击球率最高和安打率最高的球手不也是本垒打最多的人吗？如前所述，如果保持 300 左右的安打率，并且棒球职业生涯足够长的话，这名球员就可以留名棒球名人堂。如果保持适当的盈利和亏损比例，你就可以通过在每 3 次或 4 次的交易中盈利一次而变得富有。当然，关键在于小额的亏损、中到大额的盈利。一名成功交易者的交易盈亏分布情况可能会是如下的样子：

总交易量	100
盈利	30
亏损	70
盈利	
小幅盈利	15
中幅盈利	10
大幅盈利	5
亏损	
小幅亏损	50
中幅亏损	19
大幅亏损	1

　　大幅盈利的交易量可能只占到总交易量的 5%，但它们很轻易地就占到总盈利金额的 70% ~ 80%。

　　虽然认真监控亏损对于成功地交易至关重要，但账户的整体盈利能力才是最终的仲裁者。在网络公司日内交易泡沫最盛时，很多争强好胜的交易者鄙视关注亏损的做法。他们感觉自己可以不用每天带着脑子来交易，凌驾于市场之上，战胜任何损失，最终以胜利者的高姿态收场。有些人确实做到了，那是极少的一个群体。大部分的人成了被踢出局的交易者。最终，他们承受了巨额损失。

　　最好从一开始就练习安全地亏损。在市场行情最好的时候，你开始会赚到很多钱。更重要的是，市场的性质会发生改变，它从来都是这样的。疯狂的牛市会变成大熊市。如果你花时间学习如何管理自己的情绪和损失，你将能够在市场中生存下来并取得成功。

　　管理损失的一个必然结果就是避免过度管理它们。你通过使用止损订单以及做出适当的技术分析来管理损失，并且事先知道多头头寸的下一个支撑位和空头头寸的阻力位在哪里。你通过移动均线持续地监控趋势，并且做着其他非常重要的事情，那属于你的交易体系的一部分。你不应该有所隐瞒。我见过很多交易者，当他们考虑到波动性时，他们就会对已经失效的股票或期货合约所导致的亏损变得非常偏执。

　　让我们回到飞钓者的寓言。他为了让自己捕获相当数量的战果，必须提前做好准备。他必须阅读当地报纸的运动版面，以知晓哪里能够钓到大鱼。他也要在不招惹国家野生动物委员会的情况下找到合适的水域，学习如何绑鱼饵，知晓哪里能够买到最好的鱼饵。访问钓鱼网站也是一项必不可少的内容。知道如何选择最佳钓鱼地点也会有帮助。如果他惧怕水，只敢在水流缓慢的浅滩钓鱼，那么他注定是个失败者。

　　我的观点是，你必须将自己置于不确定的位置才有可能赚到大额利润，并且要适应这种不确定性。如果我们的飞钓者朋友第一天就尝试在很深的、水流湍急的河流中钓鱼，然后溺水了，他将永远无法进入飞钓者的名人堂了。如果一名交易者妄想他第一天交易就能够凌驾于市场之上，不去管理好自己的亏损，不学习电子交易的机制原理，不去确定当他面对损失与追加保证金通知时应该保持怎样的心态去应对，那么，相同的命运在等待着他。

你的平均损失、亏损额和损失标准差只是你需要定期监测的诸多指标中的 3 个。现在，我来为你提供一些关于如何评估职业交易者的背景信息，尤其是商品交易顾问和对冲基金经理。我使用商品交易顾问，是因为我认为相比股票交易方面的专业人士（如注册投资顾问和市场分析师），更多的关注与研究被投入到了评估商品交易顾问上面。一旦你了解了商品交易顾问和对冲基金经理是如何被评估的，你就可以借鉴其中的一些技术，为你提供关于如何追踪自己和评估自己的绝佳见解。之后，我们就可以着手更新和提高你的交易计划了。

我对于自我评估有着强烈的感觉，尤其是当定量措施实施到位时。很遗憾地讲，这种方式很容易自欺欺人。我们的资产会缩水，盈亏比会大幅降低。但我们满心想着的是最后一笔大额盈利以及当时的良好感觉。"我所需要的仅仅是股票再涨 10 美元！"另外，如果我们仔细追踪和观察我们平均亏损的标准差并看着它逐渐升高，就知道我们的纪律性正在减弱。是时候为自己充好电，加强纪律性了。休息一天，仔细审视基本的规则。让自己的头脑做好准备并遵守规则，你就会知道，最终你会回到市场的向阳面。

分清期货与交易方法

共同基金的职业经理人、自营交易者、商品交易顾问和对冲基金经理使用的是与他们所交易的市场相类似的标准来评估自己的业绩。例如，我确定你很熟悉一些众所周知的共同基金，人们将它们的业绩同标准普尔 500 指数进行对比。理想的情形是，被妥善管理的股票的业绩表现要优于那些无人问津的股票。但是这也并非永远正确，对吗？我相信很多被认为是无人问津的指数实际上有人在管理，因为如果出现任何问题导致它们的业绩表现远远落后于其他指数，甚至导致它们退市，那么它们就会被有着最强劲表现且符合指数标准的候选者所替代。难怪股票市场自大萧条以来通过获取信贷产生的回报率每年超过 10%。

专注于某一个特定领域的共同基金，如黄金或技术类股票，它们的业绩表现是通过各自的分类指数来衡量的，如 XAU 或 SOX。目前的分类指数足够覆盖所有的行业。此外，你可以通过一些投资者服务机构（比如晨星或者 Value Line）来获取评级信息、一些波动性指标（标准差、平均总回报率、beta 值、alpha 值、R 平方甚至一个形状比率等）、费率、费用以及不同时期的整体表现。商品交易顾问也会参考指数。一些知名的指数有 MAR 资格指数、巴克莱商品交易顾问指数和诺伍德指数。商品交易顾问也可以考察与所交易的商品和期货合约相匹配的分类指数，甚至可以参考经理人的交易风格。例如，商品研究局（Commodity Research Bureau）发布的指标信息囊括了主要的商品类别，包括谷物、金属、石油、粮食和纤维等。管理账户报告（Managed Account Report）和对冲基金报告（Hedge Fund Report）将基金和顾问区分为两种类别，即任意型的和系统型的。系统型的交易者虔诚地坚持一个体系，而任意型的交易者更加依赖自己的交易直觉。这些报告也将货币交易者或者股票指数交易者与其他类似的程序进行比较。

了解这些指数是如何构建的将使你更加深入地理解你自己的交易该如何分类，并确定最佳的匹配标准。管理账户报告是一份月度报告，用以披露管理账户的业绩表现。每年，它会评选出 25 名杰出的商品交易顾问作为行业的代表，其管理的资金规模超过 3000 万美元。这个团体的表现就成为指数。而巴克莱商品交易顾问指数则更为民主化，它涵盖了所有拥有 4 年以上业绩表现的商品交易顾问的信息。当商品交易顾问从业第 5 年时，巴克莱商品交易顾问指数会把这名顾问的信息加入其中。第 3 个指数——诺伍

德指数，使用的是被管理基金的净资产价值，而非像其他两个以月度增值
为基础的指数。

对于那些不熟悉追踪记录分析的交易者，我会快速地介绍一下
VAMI 的概念。这个缩写词代表的是月度增值指数。商品期货交易委员
会（Commodity Futures Trading Commission）和国家期货协会（National
Futures Association）这两个期货行业的自我监管机构，要求商品交易顾问
在他们提交的资料中包含一份当前的 VAMI 表格。它们这样做的目的是为
投资者保持对交易追踪记录评估的一致性。这份标准表格包括 7 列信息：
"月 / 年""期初净资产价值""附加项""撤资""净业绩""期末净资产价值"
和"年回报率"。

关于 VAMI 的评论之一就是附加项与退股该如何处理。我只提到这一点
是因为如果你打算计算你的账户的回报率，那么它对于你来说可能会是一
个问题。回报率是用期末净资产价值除以期初净资产价值计算得来的。这
听起来很简单，对吗？商品交易顾问的问题在于当他们开始交易时，何时
才能够收到大额投资和附加项目。交易者使用这笔资金仅有几周的时间，
或者是资金在月底最后一天才到账，因此交易者并未在该期间内实际使用
这笔钱。那么这笔资金何时才能够计入期初净资产价值呢？例如，将一笔
追加的百万美元或 50 万美元的资金计入期初净资产价值，而交易者却没能
使用它，那么这会降低交易者的投资回报。或者就把这笔资金刨除在期初
净资产价值之外，因为交易者仅实际使用了该资金半个月的时间，这样可
以使得回报率看起来更好一些。

相信你可能会遇到同样的问题，想让自己的回报率比实际上看起来要好
一些。你可能拿到了一笔钱，一笔大额佣金或是奖金，然后决定把它存到
你的交易账户中去。你何时会采取行动呢？马上？月初还是月末？如果收
到了追加大额保证金的通知该怎么办？一旦这笔钱被存起来，你就没有其
他选择了。任何大额追加项都会影响回报率。

当然，同样的问题也会发生在撤资的环节。如果在交易时段的初始，5%、10%甚至更多的资金被撤出了交易账户，盈利的头寸不得不提前关闭，这对于回报率的计算绝对是一个负面的影响。如果在一个尤其好的交易时段的最后，资金被返还给了一位大额投资者，那么在下一个交易时段，由于分母的减少，价格分数可能被人为地抬到高位。显然，等式中任何分子或分母的显著变化都会对结果造成重大影响。你只能忠于自己，针对这些改变做出相应的调整，以免蒙蔽了双眼。

此前我提到过一些重要的比率，用于评估诸如共同基金、管理期货基金之类的投资。这些公式也不失为一种判断你自己的投资表现的绝佳方式。你是一名好的交易者吗？如果将你的投资表现与一只纳斯达克100指数基金做比较，你的分数如何？在你全职交易的第2年年末，你的资产能够吸引到一个完全陌生的人来投资吗？这个问题听起来可能有点傻，但如果你做不到，你可能不得不做出一些艰难的投资决策。你确定要继续自己的投资吗？

选择一个合适的分析工具并不容易。这使我想起了周一一早，一堆闲人围在饮水机旁讨论谁是最优秀的四分卫。你拿什么做衡量标准呢？传球成功率并不能说明比赛的输赢，更别提触底拦截率了。获胜率是关键，但是单凭四分卫自己是无法做到的。那么防守和后位呢？足球是一项团体运动，交易不是。

当你将交易者放在显微镜下，你会发现仅选择一个样本进行衡量会出现类似的问题。例如，回报率无法告诉你交易者的波动性信息。如果你的投资回报率相当不错，比如每年30%以上，但你的波动性无法在图表中显示，那么我就会开始担心了。这里所讲的波动性是指每月的回报，无论是积极的还是消极的。我们假设它为10%，这表明你有能力赚钱，或者完全被踢出局，这就是高波动性的风险所在。如果此时你的亏损交易的标准差数值较低，表明你已经控制住了它们，我会开始感觉好一些。最后我检查你的亏损情况时发现，在过去 12 个月里，你的最大资金回撤率小于 5%。那么我的结论是，我会继续投资你的交易项目。换句话说，在赚取利润的同时控制住风险就是赢家。这就是你需要发展的交易概况。因此，你需要对自己的交易做好统计记录以完成这些计算。

因为需要使用很多指标才能够做出准确的评估，分析师因此发展出了各种各样的比率以涵盖那些最重要的和最具代表性的指标。其中一个颇受欢迎的比率就是斯特林比率（Sterling ratio），它由迪恩·斯特林·琼斯（Deane Sterling Jones）设计。这个比率试图解决风险回报综合征问题。如果你想在自己的交易中使用这个比率，就需要 3 年的业绩表现。你的目标就是看你所承担的风险是否收到了与之相匹配的回报。

斯特林比率是将你的或者一位交易者的连续 3 年的平均回报率（rate of return）除以同时期的平均最大回撤资金额加 10%，具体公式如下：

$$斯特林比率 = \frac{连续~3~年的平均回报率}{平均最大回撤资金额 + 10\%}$$

短期计算的回撤资金与年回撤资金相比通常是被低估的，因此在计算该比率时将同时期的平均最大回撤资金额加了 10% 作为调整。

再举一个例子会让这个比率存在的意义更加丰富。你和你的表兄温尼已经交易了 3 年。拉尔夫叔叔的彩票中了奖，于是决定选择你们两人中的一个进行投资。为了保证客观，他说他要选择那个业绩表现最好的人投资，最好就意味着最高的斯特林比率。你的表兄在过去 3 年的平均回报率是35%，但他最大的资金回撤率是 20%。你的平均回报率略低一些，是 30%，但最大资金回撤率只有 12%。猜猜看谁会拿到彩票的投资款呢？

温尼　　　　　　　　你

$$\frac{35}{20+10} = 1.167 \qquad \frac{30}{12+10} = 1.364$$

尽管你的表兄的回报率比你高出了 5%，但当调整了风险因素后，你的表现更佳。你得到了彩票的投资款。

当你在做年度或半年度自我检查时，另一个需要考虑的因素是你的回报率的波动性。在上面的例子中，年度回报率究竟能有多分散呢？是稳定的30%、30%、30%？还是 10%、80% 和 0% 呢？看到差异了吗？我一直认为对于交易者平均的投资回报率来说，比较低的标准差很具有参考价值。

作为一名自由职业的交易者，保持稳定性是你的优势，这样讲有两个原因。第一，这样做比较容易做好费用预算。第二，这样做对你的心理更加有利。刚刚交易了 1 年就能够产生 80% 的回报率，将你置于这样的位置是不是令人非常振奋，信心倍增？之后，他就开始挣扎，剩下的时间他仅仅能够保持盈亏平衡。这样的结果对于交易动力和信息会有什么样的影响？

交易的结果很少能够保持稳定，你必须学会处理价格的起起落落。这样的结果多数是由市场一般性的系统性风险以及市场属性的微妙变化造成的，这就需要交易者实时调整他们的策略。这正是你应该将每一年都当作全新的一年的原因，同样你也应该将每一天、每一个交易时段当作全新的去对待。你在每个交易时段之前举行的仪式，使你为这个独特的、必须全力应对的交易时段做好准备，正如你进入每一年新的交易一样。

我在上面提到了交易的系统性风险，或者说交易的内在风险。市场也有系统性趋势。我的意思是，作为一名交易者，你会从市场本身得到一些帮助。如果你交易多头，而你所交易的市场正处于上行趋势，那么总体的势头正在朝着有利于你的方向发展，这有助于促使你的头寸走得更高。这也正是你要顺势而为的原因。但如果你想要评估自己的实力，看看作为一名交易者自己的技能对于取得成功到底能够贡献多少力量呢？

可以尝试使用夏普比率（Sharp ratio）来评估你的交易。这个比率致力于提取交易者每月或每年的投资回报率，它完全归功于交易者的交易技能。你需要将交易者投资在无风险交易中的风险资本所产生的收益率从交易者收益率中减去。最常用的无风险投资替代品是美国短期国债，因为它们可以对冲市场的系统性风险。

下面介绍夏普比率的机制原理。假设你的年回报率仍是30%，我们在举例中尽可能使用相同的数据，以便你对结果进行比较。从这个30%中，你需要扣减6个月期国库券的无风险比率，如5%，这样就得到了25%的回报率。这个数字再除以你每月收益的标准差，如5%（这个比率对于股票交易者来说属于中低水平），这样你的夏普比率就是5（25%/5%）。

这一比率的一个微小变体被称作效率比，唯一的区别就是你不需要将无风险回报率从分子中减去。在上面的例子中，你将得到的效率比为6，而夏普比率是5。相对于股票交易者，期货交易者会更多地使用效率比，因为职业资金经理认为它更具代表性。

你可能还会考虑使用另一组比率衡量自己的交易结果，即损益周期比率和增益回撤比率。损益周期比率用来衡量盈利期间的数量与亏损期间的数量。在开始的阶段，衡量的期间以星期为单位。当你成长为一名真正的交易者并进入交易的第2年，我建议你以月份为单位进行测量。你只需要简单地将盈利月份数除以亏损月份数，比率值越高越好。例如，在第1年你的盈利月份数是8个，亏损月份数是4个，那么用8除以4得到2。如果你在接下来的两个月继续盈利，那么用10除以4，你的比率提升至2.5。我建议你将这些数值绘制成一张简单的图表，这样能够得到一份直观的、可视化的损益周期比率。

增益回撤比率将年复合回报率与平均最大折返（average maximum retracement）进行对比。平均最大折返被定义为自你开始交易以来的最大资产降幅。这个比率用作衡量实际的资产损失，而非利润。你可以一年计算一次这个比率，它的重要性在于，这种防止亏损、从亏损中恢复过来的潜在的能力，是非常重要的。我知道很多经理人的经理人非常看重一个交易者的复原能力，这是为什么呢？因为对于活跃的交易者来说，经历重大的亏损是迟早要发生的事情，所以了解他们如何复原是很有必要的。

如果你已经交易了很多年，那么最后一项技能也许会派上用场。那就是所谓的窗口分析。你甚至可能将这种技术视作一种创造你的交易结果的均线的方法。你采用那些你认为是最有用处的或最有意义的统计方法，将数据信息在不同的区间（窗口）隔离开来。我会使用月度、季度、半年度、9个月和年度这些窗口。在每一个窗口中，我追踪诸如最高回报率、最大亏损额和每月盈亏波动等的统计数据。这可以使你清楚地看到自己在任意季度或年度中的最大亏损，并将其与同时期内的最高回报率进行比较。

每一个窗口向前滚动一个月进行统计计算，去掉最后一个月的数据然后再次计算。整个计算过程通过 Microsoft Excel 或者其他电子表格软件即可完成。1 年期的窗口分析如表 9-7 所示。

表　9-7

月份	季度	半年	9 个月	1 年
1				
2				
3	1			
4	2			
5	3			
6	4	1		
7	5	2		
8	6	3		
9	7	4	1	
10	8	5	2	
11	9	6	3	
12	10	7	4	1

你会得到 12 个月份、10 个季度、7 个半年、4 个 9 月度和 1 个年度。我们的目标是使数据平整，这样你就可以像使用均线那样早日发现趋势。你的交易趋势是向上的还是向下的呢？有时我们是如此热衷于在每日的交易中浴血奋战，以至于无法分清自己是赚了还是亏了。

迄今为止，我已经讨论了你可以自己追踪分析的一些统计方法。对于其他的分析方法，你可以从你的经纪公司或是清算公司那里得到。让我们从后者开始（请注意你的经纪公司和清算公司可能是同一家机构，这没有什么区别）。清算公司处理你的资金。当你需要给账户注资，支票是开给清算公司的。由于它掌管资金，因此需要记账。如今，大部分清算公司都可以让你通过网站访问自己的账户。通过这个网站，你可以查看账户每天的状态。例如，你可以查阅资金流转的记录，上面显示所有的资金收入与支出。你也可以获得交易确认、交易历史以及与你的账户相关的所有关键财务信息。如先前提到的，很多网站也可以为你提供损益表。我想说的是，你在分析交易过程中所需要的很多数据都可以在这些网站上查到。

此外，还有一项很重的服务是一些经纪公司（比如我所供职的 Terra Nova Trading 公司）能够提供的，它被称作交易分析。这些报告可以为你在所需要时段内的每一笔交易提供分析，软件程序会要求你提供查询的起始日和截止日。这种服务对于更新你的窗口分析是很有帮助的。这种类型的分析将你的交易区分成多种类别，例如：

交易类型：多头与空头。

根据股份数量判断的交易规模：小于 200 股、201 ～ 300 股，等等。

股票价格：小于 10 美元、10.01 ～ 25 美元等。

交易期限：日内交易和非日内交易。

日内交易发生时间：9：30 ～ 10：59、11：00 ～ 11：59 等。

交易代码：AOL、FRNT 等。

行业分类交易：零售、制药、通信、石油等。

从这里可以看出，报告可以按照明细类别显示整体盈亏分析。你就会知道你交易的哪种股票、行业、时间区间和交易类别是最有利可图的。这份报告甚至可以按明细类别显示哪些是最好的和最差的交易。

除了为你的更高级别的分析提供绝佳的数据资源，这份报告也可以揭示关于你的优势和劣势的很多信息。例如，我曾与一位苦苦挣扎的交易者一起共事。有一天他赚到了钱，第 2 天他又赔了钱。当我们做交易分析时，我们很容易就看出来他所有的亏损都来自非日内交易。我们聚在一起想了又想，他终于承认如果一笔日内交易开始向着不好的趋势发展，他会继续持有它以期待之后局势能够发生逆转。这份简单的报告为他提供了一个视角，他需要调整自己的观念了。

你可能认为我以为上面例子里的这种视角和见解就是这份报告和你对自己的交易所做分析的真正价值所在。并非如此。这项工作的最终价值就是增强你对自己所做事情的专注力，这样你就会意识到在自律性和专注力方面所犯的一个小过失会有多危险。

花一分钟的时间回顾一下我们在第三章中提到的狙击手，他依靠自律性求得生存，而你在交易中取得的成功有赖于你的自律性。对于我来说，它们是同样重要的。如果你没有专注、专注、再专注的能力，如果你无法做到自律，那么省省你的钱和心理承受力吧，找些别的你能够胜任的行当去做吧。

| 第十章 |

成为理想的交易者

　　我工作过的一家公司使用一套理想的交易系统解决问题。当出现了一个问题时，所有的经理和员工聚在一起讨论，试图找出解决方案。会议的主题从头脑风暴环节开始，每一个人都会提出自己的想法。不会有人认为这些想法太过愚蠢，代价太过昂贵，太过古怪或太缺德。我们被鼓励勇于承担风险，提出我们能想到的最新奇的解决方案。我们不用顾及内部政治，甚至不用考虑公司能够实现我们提出的方案。

　　我们的创造力影响着大家的积极性，我们每次都试图超越上一次提出的方案。讨论所涉及的技术方案我们在当时甚至没有接触过，有些所涉及的费用太过高昂以至于我们负担不起，而有一些则甚至不存在。没有限制施加在任何人的想象力上，唯一的限制就是时间。每一次的头脑风暴被限定在 2 小时以内。会议的主持人负责主持会议、监督实施规则并控制现场秩序，一名记录员将大家所有的想法记录于黑板上。最终所有的想法被抄写下来发送至一个委员会，该委员会由关键经理人和负责设计并实施实际解决方案的员工组成。

　　这个过程的美妙之处在于，很多唯一的、有创造性的想法被发掘出来，而我们是无法通过别的途径得到这些想法的。这与仅仅和一个部门经理会面由他提出一个解决方案相比，需要实际解决问题的那个人因此得到了更多可选方案。

　　一旦有了可操作性的方案，执行委员会将召集大家进行讨论。方案将不得不满足公司架构和预算的要求。方案需要使用现实已有的技术，也必须在执行方案人员的能力范围之内。然而，很多具有创新精神的想法被发现和融合。并且，员工也很享受这个颇有创造性的环节，感觉到是自己创造了这个解决方案。因此，他们有责任将其付诸实施。

　　我建议你以一种类似的方式发现交易的艺术性之所在。你必须将自己彻底改造为理想的交易者。首先，我需要花一些时间描述理想交易者的概念。然后我会讨论阻止交易者接近理想状态的 7 宗原罪，以及相应的 7 个美德，它可以帮助我们接近完美的交易者。最后，我会谈一谈你如何更加清楚地了解你的内在自我，这是成为一名职业交易者真正关键的一环。

　　出于一些奇怪的原因，当我想到理想交易者的概念时，丹尼尔·布恩（Daniel Boone）出现在我脑海中。我这样想是因为经常有人引用他的一句话：“我从自然之爱中探索。”⊖ 理想的交易者必须因为真正喜爱交易而去交易。

　　单纯而无杂质的动机是成功人士身上最为重要的品质，成功的交易者亦是如此。丹尼尔·布恩非常热爱他的家庭，并全力支持他的家人。他的一生颇负盛名，他是弗吉尼亚协会的成员，在军队中是陆军上校，一位著名的印第安斗士。在他逝世前的 36 年，即 1820 年，约翰·福尔森（John Filson）为他执笔了个人传记。尽管他是一名很厉害的土地投机商，但他并不因为金融而出名。

　⊖　John Mack Faragher, *Daniel Boone: The Life and Legend of an Americ an Pioneer*, Holt and Company, NewYork, 1992, p.301.

丹尼尔·布恩热爱在荒野中进行长期狩猎，时间长达两年之久。他冒险进入地图上未标注之地，凭借自己的机智、步枪和诸多生存技能面对种种未知。想一想一定有什么激励了他，使他无所畏惧地面对残酷的现实，这是他自愿选择的道路。他不得不长时间地离开他挚爱的妻子瑞贝卡（Rebecca）和他的孩子们。他不得不风餐露宿，面对愤怒的肖尼族人和其他颇具敌意的部落，甚至还有咆哮的河水、险峻的高山和暴风雪。在一次旅程中，他的长子詹姆斯（James）在坎伯兰峡谷中与当地印第安人发生冲突，最后被杀死。尽管如此，他也没有放弃探险活动。他还曾拥有过一处西班牙地产，最终在法庭的诉讼中失去了该地产。

丹尼尔·布恩的这种纯粹的动机促成了他的成功。与他同时期的最大、最富有的土地所有者相比，布恩更为人所铭记和尊敬。他内在的一些东西驱策着他不断地探索广大的世界。我曾在一些伟大的交易者身上见到过这种激情，我非常荣幸能够与他们共事。对他们来说，最重要的事莫过于身处游戏之中。

难道我们就没有在其他的行业顶尖人士身上见识过这种特质吗？这在那些没有被高薪腐化过的领域里更为常见。你经常在奥林匹克运动会中见到这种场景，冰壶运动团队或是来自一个在地球仪上无法找出的不知名国家的无名的赛跑选手，他们日复一日地训练，每隔4年参加一次奥林匹克运动会，我用50美元打赌，他们总共出现不到3次，无缘任何奖牌。你也能够在日常生活中看到这种奉献精神。海豹突击队的战士牺牲在阿富汗，他留给妻子一封信，上面说作为一名海豹突击队的战士，为他的国家而殉职是值得的，因此没有必要哀悼他。

你也会在工作中见到这种场景。我所共事过的一些最好的经纪人，相比于拿到佣金，他们更加关心的是如何为客户提供优质的服务。我知道老板的助理要比他们的老板勤奋、用功百倍，而拿到的薪水确实不到老板的1%。

我的观点很简单，如果你只单纯地为了金钱而交易，那么在你将其当作一项职业之前，你已经被市场踢出局了。交易并不仅仅是投入几千美元，而是参与一场有史以来最激动人心的游戏。那就如同丹尼尔·布恩在肯塔基州的荒野中徒步旅行一样令人振奋和着迷。

再想一想，交易者与探险者的心理其实并没有多大不同。布恩离开了文明和已知，为的是荒野和未知。交易者离开了已知历史价格图表的技术分析，为的是还没有交易过的、充满未知的市场。若要取得成功，你必须充满勇气。这是一个重要概念，在这里有着特别的意义。

这里的勇气意味着对个人的能力拥有完全的自信心。这并不是指有勇无谋，也不是鲁莽轻率、胆大妄为。它意味着了解自己的极限，在自知的基础上冒险。成功的交易者非常了解自我，他们知道自己的极限所在，他们知道自己不懂什么，并勇于承认这一点。

丹尼尔·布恩第一次前往印第安国家的旅行并不是开拓性的，他和他的父亲与朋友进行了一系列的短途旅行。一位导师教会他如何狩猎、制作陷阱、追踪、射击，还有更为重要的，如何在荒野求得生存。正如你必须学习适时揣测做市商的动向，布恩努力理解肖尼人、他所遇到的其他部落和抵达的新的地域。作为一名投资者，你所处的环境与布恩的相似，皆充满了敌意。

随着他储备的知识越来越丰富，步履所及之处也越来越远。有些时候，他开始创造新的规则，以完善自己对美国西部的探索艺术。如果你能够以同样无所畏惧的精神进行交易，你将会有所顿悟。那时你将是作为一个独一无二的个体在开展交易，而不是盲从别人的格言戒律。

一名交易者的进化过程也是逐渐成熟的过程，他成长、发展并获得知识。这个过程需要花费时间，就像丹尼尔·布恩所做的那样。如果你还没有掌握足够的知识和技能，就不能贸然前往荒野进行冒险。你必须掌握生火技能，能够跋涉河流、保持自己的足部干爽、寻找到食物和躲避场所，并避免迷路。如果你迷了路，不要惊慌，要找到路回来。如果这个过程还不像交易，那么我也不知道还能做什么比喻了。

此外，就像交易一样，自律对于丹尼尔·布恩的野外求生也是至关重要的。你不能在没有遵守任何求生规则的情况下贸然闯入一片森林做长时间的艰苦跋涉。在进入荒野之前，你必须做好万全的计划：整理好你所需要携带的全部装备，记好你需要记住的全部信息；将你的长步枪清理干净，避免生锈；准备足够的火药、火石和保持足部干爽；在日落前两小时找到一个安全的地方过夜休息；尽可能避免夜间外出；记录好你的行程，比如两个坐标之间行程的距离和途经的地标细节；千万不要丢失或损坏掉你的指南针，准备好替代品；必须准备好补给品，尤其是食物和水；永远要在安全的洞穴中躲避极端恶劣天气；注意看、考虑好、谨慎接近原住民的领地。对于你所依赖的生存必需品，务必做好万全的准备。

另一个有趣的类比是，像丹尼尔·布恩的探险家是如何扩展他的疆界的。他的第一次狩猎活动的时间并没有超过两年，他在刚开始狩猎时采取小范围活动；然后他开始不断地拓展，将他的旅行延伸到了在地图上未被标注出的西部地区。交易者也必须做同样的事情。在交易的初始阶段，你操作市场中波动性不高的历史上较可靠的交易。随着你的经验越来越丰富，你可以在市场条件更加复杂的情况下进行交易，并增加你的交易量。在操作的过程中，你能够发展出更强大的抗压性。停留在安全的、被保护的环境中，并不能让你对随时可能发生的突如其来的暴风骤雨做好准备，也无法使你成长为一名真正的交易者，从而承受超出你目前能力水平的交易。

到了本书的这个阶段，你应该已经很好地理解了交易中的若干重要的规则，它会帮助你在纳斯达克的荒野冒险中生存下来。但是你知道该如何确保自己遵守这些规则吗？那通常是消极的活动，而非积极的活动。我说这句话的意思是，你必须时常学习什么不能做，以便能够做到你应该去做的。因此，我们来到了七宗原罪的主题之下——避免触犯它们，否则你会在交易者的天堂中结束自己的交易生涯。

交易的七宗罪

尽管七宗罪经常被引用在宗教中，但我并不将七宗罪看作唯一与宗教有关的内容。我的想法更加世俗化。相对于对人类灵魂的永恒的救赎这方面的意义，它们于我而言是用作分类和管理人性的。无论是存在主义者还是狂热的不可知论者，他们都会承认要避免沉溺于原罪中描述的任何行为举止。在这种思维框架内，我在交易的语境中进行阐述，并按照字面意思进行定义。稍后，我在讨论个性类型时会进行详细的阐述。

关于交易，我的最基本的前提是，成功与否取决于你对自己感情生活的理解。在我介绍你如何定义自己的整体性格类型的方法之前，你需要做的是，确定是否真心愿意在这个行业里取得成功。我想以讨论 7 个阻碍成功的绊脚石作为开始。一旦你明白了这些交易的原罪是如何在一个非常肤浅的层面上妨碍你的交易的，我就会更加深入地探讨你成为这些障碍的受害者的倾向的根源。交易者不仅仅由于没有预见到股票、期货和期权市场的未来趋势走向而亏损，而且他们会更加频繁地、更加持续地亏损，因为他们缺乏对于自我的认识，以及对于市场行情的起起落落是如何操纵他们内在自我的认识。

在我们花时间讨论每一宗罪的过程中，我会尝试给出预防措施，以防你沦为牺牲品。如果你还不清楚我们一会儿要讨论的七宗罪，那么我现在告诉你，它们分别是傲慢、嫉妒、愤怒、懒惰、贪婪、淫欲和暴食。所有这些欲望的恶魔就居住在你我的心中。在交易的压力之下，你辛苦赚来的金钱被一种奇特的、非个人的力量抢走，你会变得非常脆弱，很容易屈服于内心的魔鬼。当出现这种情况时，你必须抵御住诱惑，不要被情感牵制住。一名成功的交易者必须做到，当他身边的一切都抛弃他时，他仍然可以保持头脑的冷静。当市场波动剧烈、人们陷入恐慌时，往往会出现巨大的交易机会。若要抓住这个机会，你必须做冷静思考的那个人，而不是被情绪牵着走的人。

归根结底，你能够为自己编写的最好的交易计划，就是如何应对自己性格上的弱点。你有没有出现过这种情况：在面对高强度压力的时刻失去了冷静？当你想控制全局时，你是否感觉到你情感深处的一些东西正在失去控制？请慎重思考我们要讨论的每一个原罪。同时考虑一下接受网站、交易者刊物或其他经纪公司、交易学校提供的交易者倾向测试，试着提前找到你性格中的弱点。这是我们都有的东西，是人性的一部分。不要让你的亲密好友或者伴侣为你做分析和测试，你需要的是客观的评估。一些顶级交易者会付费请心理咨询师帮助他们处理自己的性格弱点，就好像顶级运动员和运动团队聘请动机顾问一样。经纪公司在聘请自营交易员时，会将心理测试和评估作为招聘环节的一部分。稍后我会进行深入讲解。

一旦你发现了自己心灵盔甲上的一道裂缝，就要制订一项计划去应对它。有一项弱点，比如发生亏损或者犯错后你会发脾气，是永远无法克服的。它永远在那里，无论是台前还是幕后。它可以被管理、控制，但无法被彻底根除。你所接受的多数评估会针对最具有共性的问题提供一些应对的小提示。听取这些建议并将其纳入你的书面计划中。

之后你必须努力带着一份觉知去进行每天的交易。例如，我见过一些交易者，他们会在电脑显示屏上贴一些小的便笺纸，上面写着："不要过度贪婪！"或者"你永远不会破产套现"，有一些交易者则会将其写入他们的交易日志。在记录的每一个符号后面，他们会用一两个字概括他们此时的心情和感受，就像下面这样：

09∶45 买入了两份玉米合约。趋势上扬。价格于支撑价位 205 处反弹。对此感到有信心。

10∶52 价格上涨了 10 美分后卖出玉米合约。成交量放缓，接近阻力位。感觉自己很聪明。

除了记录这些短语，你也应该将它们读出来，并对此做出反应。在上面的例子中，这位交易者似乎在玉米期货交易中度过了美好的一天。刚刚开盘时，他就做好了准备，捕捉到了一个机会，迅速做出行动。当看到上涨的趋势消失时及时退出，他因此而获利1000美元。更重要的是，他的信心得到了增强，因为他遵守了交易规则，避免了过度贪婪，做出了正确的决策，并在此过程中保持自律性。换言之，很多正面的行为模式得到了加强。

如果这名交易者没有管理好自己的情绪，结果可能会大不相同。因此，让我们来看看，这些困扰着普通人和交易者长达几个世纪的七宗罪。在开始之前，我想声明一点：我是中庸之道的忠实信徒。我的意思是，他们本身很少做错事，但是当他们走向极端时，这就会是一个问题。适度饮食是好的，但厌食或暴饮暴食是有害的。工作是有益处的，但懒惰和工作狂是有害的。一个成功人士，包括一个成功的交易者，应该学会保持中庸。

第一宗原罪是傲慢。傲慢挑战了交易的第一条准则：市场永远是对的。令人感到悲哀的是，一些交易者认为他们比市场聪明。市场有办法使傲慢的交易者冷静下来，那就是向他们灌输一种相反的美德——谦逊。在中庸之道看来，适度的傲慢是通向成功的一个关键。傲慢提升自信心。它为你提供一种舒适和满足的感觉，告诉你：你做得很棒。但如果傲慢到了极端的程度，它会导致你变得自负和任性。如果你是一个古希腊悲剧的爱好者，你就会知道傲慢导致死亡。傲慢的同义词还有狂妄、骄矜、自以为是、轻蔑、自负、无礼、自大。在杰克·施瓦格撰写的书中，你找不到任何一个上述词语用来描绘市场中的智者。

然而，你在交易中仍然需要具备足够的骄傲和自信。让我们的注意力再回到丹尼尔·布恩身上，在他的青年到成年的早期，他多次前往荒野进行探险。首先，他探索的是一个又一个的已知地域。随后，他开始尝试对未知领域的短期冒险活动。在这些冒险活动中，有一位经验丰富的樵夫始终伴随着他，教会他各种生存的技能。随着他自信心的增长，他越发自信于开展更长时间的探险。最终，他具备了做广阔的探险活动的自信。现在他成为领导者和探险家。

其中一些探险活动持续了两年的时间，也就是说他在荒郊野外度过了730个日日夜夜。他的足迹遍及数百英里，数十次遭遇不怎么友好的印第安土著和野兽的攻击。他蹚过湍急的河流，接受过暴风雪的洗礼。在此过程中，他承受过重大的损失，包括爱子的死亡。面对这样的人生，他需要强大的信心。丹尼尔·布恩也因此而变得名声在外。他是一位探险家，而探险家与流浪汉之间的区别就是态度。

我认为交易者的生活与探险家有异曲同工之处，即充满了危险性和冒险精神。每一天，你都要面对未知的、充满迷雾的价格行情。你需要预测一头莽撞的、不遵守规则的野兽的未来行径如何。与此同时，你会被外界刺耳的声音狂轰滥炸，如新闻、分析、数据、意见、报告等。数百项互联网服务为你灌输各式各样的消息，从盈利预测到价格走势预测，不一而足。从这些信息中，你必须挑选出一些股票、期货合约或期权进行交易。如果这些还不够麻烦，那么你还需要忍受与你同样充满恐惧和疑惑的你的交易伙伴与你同舟共济。最后，还有来自你的伴侣、亲戚和朋友的聒噪："你为什么不找一份真正的工作开始养家？""你以为你是谁，沃伦·巴菲特？"

一头野熊、一个糟糕的熊市，你愿意面对哪一个？这真不是一个容易的选择。我的建议就是跟随丹尼尔·布恩的脚步。缓慢进入下一周价格图表的荒野之地，确保身边有值得信赖的朋友和顾问，直到你能够树立起信心开始独自探险。避免过度自信，触犯傲慢的原罪。

第二宗不惜一切代价尽力避免的原罪就是贪婪。与之相关的美德是慷慨。我们会花费多一些的篇幅在贪婪上面，因为它与想要占有比你交易的股票价值更高、更多有关。换句话说，在交易的过程中尽管技术信号已经提示你大赚的时机已经过去了，但你仍然希冀更多的利润。然而，还是有很多的方面可以与贪婪相抗衡的。

贪婪，从字面意思上理解是指总是想要更多，即扩大能够属于你的东西的极限，或是单纯的自私。信不信由你，一旦你拥有这种性格，会让其他富有经验的交易者很难帮助你或者与你分享经验。在一些交易大厅里，交易者会在开盘前或者收盘后聚在一起讨论他们的预期或者发生了什么事。每一组都有一个领导者，他希望大家都能够参与讨论。最有经验的交易者通常会分享最多。如果你能够去伪存真，这将是最有价值的环节。但如果你只会索取不懂回报，小组就会对你做出负面的反应，最终把你踢出局。

事实上，你没有理由不乐于把自己在交易中的所见所学分享出来，尤其是在一个特殊的时刻进行交易的市场中。如果你将自己的真知灼见分享给了其他交易者，你不会损失任何东西。这条洞见无论对你还是对你所分享的对象都能够有所帮助。对于所有人来说，市场都是足够大的。但如果你分享的是一个半吊子的观点，小组内其他成员质问为什么这个观点不能够惠及所有人，你就已经提高了你的现有认知水平。有太多的东西值得相互分享和学习，因此不要那么自私。此外，控制住自己的贪欲，不要试图去榨取每一笔交易中的最后一分钱。

原罪三是嫉妒，这是一系列罪责中最为不堪的一宗。善于嫉妒的交易者对于其他交易者的成功感到愤怒，因为他心里感觉到每一个人的表现都比自己强。这些交易者没有因为同伴取得成功而为其庆祝，相反他们因为同伴成功而自己没有成功感到气愤。这种想法吞噬了他们自己成为成功的交易者的决心，从他们心底产生的负面能量促使他们卑鄙而软弱。并不像生活中其他的一些机遇，他人的成功并不会消减你制胜的能力。这不是奥林匹克运动会，每一个参与交易游戏中的人都能够收获一枚金牌。事实上，你可以赢得你想要的足够多的金牌，其他人也可以。嫉妒只是在白白浪费正面的能量。

嫉妒的另一面则是真心为别人感到喜悦，这对每一个交易者来说都是一种有价值的动力。我称它为爱，是指对交易的一种真实的、纯粹的爱。我遇见过的最棒的交易者心无旁骛地只做交易。即便没有赚到钱，他们也一直在专注于此事。这种精神需要他们将整个周末的时间都花在计算机旁研究图表，而仍然可以感觉到新鲜和有趣。如果你不是真心喜爱交易，就不要将它作为你毕生的职业。你可以不时赚到一些钱，你可以享受到一些乐趣，你甚至可以给朋友和同事留下一些深刻的印象。但如果不是真心喜爱这个游戏，你将永远被划入业余人士的行列。

现在，我们讲一下存在于交易者中的最普遍的恶习之一，在我看来也是最具破坏性的：愤怒或者是气愤。在古希腊的悲剧中，当神决定摧毁掉一个人时，他们会先触怒他，然后他就会自我毁灭。市场就扮演着神的角色。

什么会惹怒你，你会做何反应？这些问题的答案能够回答一个重要的问题：作为一名交易者，你是否正在取得成功？

你经常能够在交易大厅见识到愤怒。一名交易者跳起了脚，诅咒着他的电脑。糟糕的情形还包括：摔打家具和电器，而最终极的暴怒就是枪击事件。1999 年 7 月 29 日，亚特兰大的马克·奥巴顿在 All-Tech 投资集团的交易大厅内开枪射击了 7 名日内交易者，然后吞枪自尽。当有人病态至此，那通常不是交易的问题所导致的。

多数愤怒是挫败和压力双重因素混合作用的结果。你用自己大额的资金冒险，市场却不给予你分毫，它怎么能这样对待你呢？价格起起落落，你或许跟上了节奏，或许没有。除了你自己，没有人会去关心你和你的家庭。所有这些都是前面提到的不理性的市场所造成的，它有时一分钱也不给你，即便你已经做到了书中所讲的一些，却还要剥夺你。

你能否以一种理性的方式去面对呢？如果你感到非常沮丧，你会将一切罪责都推给市场、你的电脑和同伴交易者吗？抑或你会去自行消化这种痛苦的感受吗？如果是这样的话，它会吞噬掉你的勇气和胆量，你会变得惊慌失措以致错过市场在下一阶段为你准备的礼物。市场给你了一个机会，而你又失去了，你会变得加倍的沮丧。

如果你易于发怒，你需要找到一种能够快速平息怒气的方法。有一个老办法是从 1 数到 10，或者出去散个步，到健身房发泄一些精力。最重要的事是书写一份应急方案。例如，当你与一笔成功的交易失之交臂，你感觉到怒气瞬间充满胸膛。此时，你需要立即结束当天的全部日内交易，然后检查所有的波段交易，做出调整，停止继续下订单。关上电脑，做一些你日常喜欢的事情。你必须用好的想法和感受替代愤怒和沮丧。负面的想法会制造问题，幽默能够融化愤怒。你应该学着给自己提供一些小小的帮助。有时，你会驱散这些负面的障碍物而无须错过接下来的交易时段。但是，看在上帝的份上，如果你性格易怒，还是从事另一份工作吧，或者在成为交易者之前处理好这个问题。巴顿先生真不应该放弃他以前从事的那份药剂师的工作。

平息愤怒的下一个步骤，就是将负面的能量转化为正面的、有创造性的能量。例如，你在一个计划好的、已经生效的交易中经受了双重损失打击。谣言甚至还没有来得及传进市场，时局就像是伦敦的雾一样令人迷惑不已。场上的交易者纷纷入市，一长串的报价就像溜溜球一样在绳子上跳舞，摇摆不定。你并没有将自己的电脑从10层楼的窗户扔出去，相反，你微笑着并开始琢磨该如何利用这场乱局。波动总伴随着机会。原本是负能量的东西，只是浪费在打坏了昂贵的家具上，现在转化为你可以依靠的正能量。

关于愤怒我们已经讨论得很充分了，接下来我们讲一些更有趣的事情——淫欲。淫欲的交易者的问题在于他缺乏自控力，这个通向成功最重要的品质。没有它，你就无法自律，也就没有生存的希望。即便是追求极好的目标也会产生问题，因为你会用自己的方式毁掉一切。作为一名交易者，这通常等同于忽视了关键的、防御性的规则，迟早将你置身于水深火热的危险之中。欲壑难平的赌徒就是贪婪者的典型代表，他们在每一次失败后都会追加赌注。你不想以这种方式进行你的交易吧？

原罪六是暴食。这条通常与食物和美食主义有关。但对于交易者来说，这通常表示他们缺乏专注力。这一条其实有着广泛的应用，从本质上讲，它是有节制的反义词。触犯了这一条罪责的交易者无法得到足够多的交易，或者说无法坚持交易下去。交易成为一种困扰。他们生命中的其他事情，如家庭、朋友、娱乐等，其重要性都会排在交易的后面。他们在吃东西、睡觉的时候还想着交易。他们常常变换新的交易系统和交易风格，这变成了他们生命的意义。因为他们口中讨论的全是交易，他们逐渐失去了朋友和家人。这些人心中的错误观念是，只要他们交易得更多、赚得更多，人们就会爱戴他们、尊敬他们。这是对爱和生命意义的非常狭隘的理解。

一旦这位暴食的交易者失败了，他的世界会瞬间崩塌。这也许就是巴顿先生的问题所在。我不知道。这类失败者的问题在于，如果交易者没有站在交易舞台的中央，他的生命中不会留下任何有意义的东西。很遗憾地讲，暴食者即便取得了成功，其目的也不是追求更高品质的生活。成功的交易，就像在其他领域中取得成功一样，不应该是你做这件事的唯一理由，也不应该是为了让别人爱戴你、崇拜你。生命远不止一个人某一方面的品质。如果一位父亲或母亲都没有时间为孩子读一本睡前故事或者带他们去动物园，即便他或她是最成功的交易者，又有谁想要这样的父母呢？丈夫、妻子、孩子，他们想要的是一颗爱的真心。他们的心是对自己开放的吗？他们是否被爱着、被养育着、被仔细照料着呢？能够赚很多钱确实很棒，但它对一个完整的人的发展没有什么帮助。如果你感觉到自己对交易着了迷，"拥抱生活吧！"我的女儿如是说。

我刚刚描述了暴食的极端表现。你必须极力避免过度沉迷于交易，否则你将无法享受到其他事情的乐趣。如果你掌握了一种真正的交易诀窍，为它倾尽所有是一件令人感到羞耻的事。有时你需要给自己放个假，远离交易。离开你交易的地方，做一些完全不同的事情，这样的话，当你再回到交易中来的时候会感觉到头脑异常清醒，状态会很放松。当你发现自己莫名其妙犯了很多愚蠢的错误或者无法捕捉交易的信息的时候，你就需要休息了。这通常意味着你无法集中精力或者说你无法保持专注力了。例如，你忘记了移动追踪止损，或者根本就没有设置止损措施。如果你的心思被其他重要的事情所牵绊，那么立即平仓，把那件让你分心的事情处理好。当你真正在交易的时候，做一个暴食者是没有问题的，但要注意控制好自己的情绪。

现在开始讲最后一宗原罪——懒惰。一个懒惰而又成功的交易者是一个矛盾的说法，这种人根本不存在。你可能偶尔会见到一位赚到钱的交易者似乎并没有在努力工作。如果真是这样的话，可能当时的市场处在大牛市，这种成功是暂时的、不可持续的。在一个专业的交易所内，你会遇到这样的交易者，他举止闲庭信步、交易起来轻松自在，是所有其他的交易者仰望和崇拜的对象。这类交易者似乎从不发脾气，总是在对的时间做出对的选择。这种人是天才交易者。

如果你遇到的是金融怪杰，好好近距离地观察一下。我的经验是，在魔法的面具后面是一个勤奋工作的人，他们通常有着非凡的记忆力。你可以通过问一些问题来发现这一点。例如，你和这位专家正在一同查看戴尔的价格图表。当你问到戴尔当前的和历史的高点在哪里，这位奇才将问题的答案脱口而出，并顺便道出了与戴尔有关的其他1000个你并不知道的事实。同样的情形还发生在当你问及电子通信网络交易平台路径的一个技术问题时。他知道电子通信网络交易平台的运行原理，何时能够使用它，哪一家的平台运行速度最快，可以发送哪种类型的订单，使用费用如何，最重要的是，在每一家电子通信网络交易平台上哪一种股票的流动性最好。

我的观点是，在一位顶级交易者若无其事的表面背后，跳动着一颗真正热爱交易的心，他是市场真正的学生。当你沉迷于交易中时，你会惊叹世上竟有如此庞大、复杂的事物存在。你虽无法控制住它，但是你必须要了解它的所有的方面。

作为一名个体交易者，你首先必须是一名金融分析师，完全能够分析出宏观经济与微观经济的趋势。然后，你必须能够选择股票去交易，做好你的交易计划。随后你开始运行下单交易系统操作交易，直接向市场下订单。

这就意味着你必须掌控好订单路径，以确保能够快速、准确地完成你的订单。为了做到这一步，你必须了解所使用订单的类别和操作订单的系统。了解清楚交易软件平台、调制解调器、网络供应商、互联网和传输线路是很有帮助的，当发生问题的时候，你能够很快地解决。对安全准则和管理条例有一个基本的认识也有好处。你也有责任追踪、检查和评估自己的交易过程与证券账户，确保所有工作都在线完成。如今，个体交易者自行完成先前由证券业的专业人士所做的各种行政工作是非常普遍的情况。

懒惰的人是没有追求成功的渴望的。勤奋工作可以换来更强大的自信，使你能够及时抓住不知从哪里冒出来的交易机会。你会逐渐发现自己能够做出更好、更快、更专业的交易决策了。通过目前的技术手段，交易是可以在毫秒之间发生变化的，做好准备抓住机会的唯一办法就是勤奋、努力地工作。

自知之明是通向成功的钥匙

目前，我已经讨论过七宗罪是如何影响你的交易的。但这仅是冰山一角，你看到的只是露在水面以上的部分。在你的思维的水面之下还隐藏着2/3的冰体，那才是对你的交易构成影响的真正的威胁，阻碍你成为成功的交易者。在本书中，我只能再多花一些时间帮助你意识到，了解自己的性格特征是决定你成为市场怪杰还是市场小丑的最重要的因素（而非单纯的运气）。

目前，心理学家和精神病专家已经提出了上百种分析人类思维的方法和理论。我在此仅讨论其中的一种，这种方法已经流传了几个世纪。我所指的就是九型人格。九型人格实际上说的是两件事，这两件事彼此紧密关联着。首先，它是一个几何图形，即一个圆中套着一个9个基点的星形图案。作为一种符号，它的使用应该被追溯到希腊数学家毕达哥拉斯那里，我们都在高中时期学过他的理论。其次，九型人格也表现佛教的理念和天堂的概念。这个九型人格的象征性符号旨在帮助有信仰的佛教徒抵达一种内在平静、与自然和谐统一的境界。

在你开始认为我已经偏离正题之前，我想说九型人格对你的价值在于他的现代意义上的解释和应用。随着 20 世纪的到来，九型人格找到了自己融入西方文化的方式。心理学家乔治·葛吉夫（George Gurdjieff）、奥斯卡·伊察索（Oscar Ichazo）、克劳迪奥·纳兰霍（Claudio Naranjo）、唐·里索（Don Riso）、拉斯·哈德森（Russ Hudson）。将其作为一种人格系统，定义了 9 种核心人格类型。我们所有人的性格将不外乎是这 9 种性格中的一种。通过了解你属于哪一种性格，你在自我认知方面便取得了很大的进步。你能够据此判断自己的长处与短处，了解隐藏于内心深处的自己的性格特征。我们都倾向于按照行为习惯处事，而九型人格能够帮助我们透过工作与生活的惯常模式，直达我们内在的自我。重大的问题通常发生在我们承受不住重压而情绪爆发的时刻。当我们身处重压之下，我们应对问题的行为习惯通常会失去效用，不再工作。此时，我们做出理性决策的能力就会出现严重的残缺。对于正常人来说，当面对稚子的离世、与配偶的离异或者经济上的破产时，情绪崩溃是很普遍的现象。当我们不堪工作的重负，或者担任不能胜任的工作职务时，相似的情形也会发生，不过程度上会减轻一些。在工作之外，压力也会渗入我们的生活中，成为毁灭家庭生活的导火索。

让我猜猜，你是不是正在认真考虑获取一份高压力的工作职位，那是一份你并没有什么经验的工作。这些年以来，我见过了数以百计的普通人决定成为全职或者兼职的交易者。他们中的大部分人并不知道他们所从事的到底是一份怎样的工作。他们不知道一个订单交易系统在证券或期货市场中的功能与作用，不知道应该选择哪些股票或期货合约进行交易，也不知道该如何分析这些证券。他们对于交易的理解仅仅是根据别人的提示买入一只股票，当股价上涨时再卖掉它。如果股票没有立即升值，他们要么继续持有它直到它升值，要么就是最终放弃它，以一个低的价格亏损卖出。这并不是交易。

交易（尤其是异常活跃的交易）的世界，与投资活动是相似的，好比一个高尔夫球手去美国职业高尔夫协会打比赛。职业球队拥有挥杆教练、健身教练、导师，最重要的是，他们还有团队的心理咨询师。成为一名交易者，你必须学会交易的运行机制。例如，市场如何运作，订单路径，操作交易平台，选择股票、期货合约和期权等。一所好的交易学校能够教会你这些东西。第一点到此就结束了。

到了下一阶段，当你坐在电脑屏幕前真正开始用你自己的钱进行交易时，最大的问题随之而来。我指的是你身处一个并不令你感到舒适的环境中，在承受着巨大压力的条件下需要迅速做出决策。有太多的交易新手被这种快节奏和纳斯达克市场或芝加哥交易委员会的喧闹声吞没。这些市场并不理性，它们会在你起身取一杯咖啡的时间内迅速改变方向。等你回到了座位上，你的头寸已经下跌了2美元，你必须立即采取行动。

是时候采取积极的策略应对问题了。在上面的情形下，大多数人都会以消极的方式应对。愤怒和恐惧代替了理性和智慧，我们责备并伤害着自己。为了更好地了解自己——自我认知，你必须知道自己的阴暗面是什么，它是如何做出反应的。了解了这一点，你就能防止自我摧毁。了解了你在压力情形下是如何消极地做出应对的，就为你如何积极地应对提供了信息和方法。接受一些自我实现方面的指导和训练能够极大地改善你交易的方式。

我也曾目睹一个又一个的交易者，他们清楚地知道交易的机制，但他们仍然是失败者，或者最好的情形是做到盈亏平衡。他们并不缺乏交易的技巧。在我看来，这与他们的自我形象和缺乏自我认知有关。正如我们所见，一些人的性格更容易感到恐惧。也有一些人认为，自己不配成为成功人士。还有一些人是完美主义者，他们通常会死于分析能力的丧失。如果这些交易者知道是什么隐藏在了他们内心阴暗的角落里，他们就能够知道该如何应对。

　　我希望自己还没有偏离主题太远，自我认知能够促使交易成功，当然这也是相对的。自我认知能够使得成功更加容易、压力更小一些。它能够为自信的交易者提供长期取得成功所必需的条件，即预测牛市熊市转换的能力、预测意料之外和不公平情况的能力，这些都是需要从市场预知的情况。还有，没有什么能够百分之百保证取得成功。

　　那么，这9种人格特征到底是什么？我会对每一种做出简单的描述，并告知每一种人格特征在交易中可能产生的缺陷。记住，它绝不是你可以用作诊断自己精神病症的详细说明。这仅是对于发现自我的一个简单的介绍，使用的是众多技术手段中的一种。我希望它的价值在于，你成为一名活跃的、积极的交易者之前，能够清楚地了解自己。

第一型人格

　　第一种类型的人是完美主义者。在他能够做出反馈之前，万事须已具备。具有第一型人格的交易者倾向于使用技术分析，因为这种手段是如此的简洁、合理。他们无法接受批评，并且技术分析看起来非黑即白，因此，你不能因为他们追求交易信号而批评他们。他们喜欢硬性的规则。这种做法的危险之处在于，你可以一直分析下去，直到市场都收盘了，你还是无法做成一笔交易。在心理方面，压抑愤怒的危险普遍存在于这些人中，但他们好不自知。因为他们无法排解掉这些负面情绪，这会使他们最终变得惊慌失措、意志消沉。

　　我注意到的其他方面的交易特征是，交易者常常会利用价格方面的小小变化而交易。但经常发生这种情况，当他们已经持满仓时，价格波动已经结束，他们尝试退出交易时会受到损失。这是缺乏自信所导致的。我的主张是，当人们知道自己的个性常常会驱使自己做出这样的举动时，他们就能够尽力避免，从而成为更好的交易者。

　　描述这种人格特征的形容词有：完美主义者、控制的、理想主义的、正直的、有序的、高效的、武断的、工作狂、固执己见的和强迫性的。

第二型人格

这种类型的人是交易大厅里的管家婆，似乎每一个交易大厅都会有这样的人出现。这种人真正关心着别人，有着极强的人际交往能力。他们希望为大家所喜爱，有着强烈的帮助他人的渴望。如果他们能够控制住自己，他们就能够成为优秀的导师。他们需要知道的是，他们对学生的关爱应该能够帮助学生成为独立的交易者。尽管如此，多数时候他们并没有意识到这一点。他们其实想让学生依赖自己。作为交易者，他们必须克制自己想要帮助交易大厅内所有人的冲动，尤其是在交易时段内。如果他们无法做到，就会因为放弃了如此宝贵的交易时段而耽误了自己的交易，从而感到惊慌失措。交易，从根本上讲，是一种自私的职业，只能由你自己单枪匹马地在交易的世界中战斗。而由于第二型人格中的利他主义，这种交易者常常会给自己造成麻烦。他们必须警惕自己对其他想与之成为朋友的交易者的占有欲和支配欲。

有一些形容第二型人格的形容词有：有同情心的、慷慨的、乐于奉献的、无私的、热情的、高傲的、刚愎自用的、强制的、圣洁的、专横的和以恩人态度自居的。

第三型人格

拥有这一类型性格的人容易成为各个交易大厅中最激进的交易者。他们以成功为导向，并倾向于将自己逼迫到极限。他们骑在泡沫之上。无论任何可能的时刻，他们都身处悬崖边缘。作为交易者，他们常常会与交易大厅中的每一个人竞争。交易以利润作为衡量成功的尺度，而魔鬼总是在最后成功。如果这种行为失控，他们就会变成傲慢的自我表现者。他们面临过度交易的风险，因为他们不得不去证明自己是最棒的。在最糟糕的案例中，他们变得自我陶醉，唯一担心的是自己的形象。他们为了保持自己的良好形象而去交易，并以为那是真实的。不幸的是，在他们自我形象的背后，没有任何实在的东西作为支撑。因此，他们不得不继续维持现状，以告诉自己那是真实的。如果他们能够意识到这种行为背后的驱动力是什么，他们就会做出调整。他们必须学会只为自己交易，而不是担心别人对他们的看法，在任何一个给定的日子里，市场所给予他们的东西。相反，他们常常会变得过于激进，为了遥不可及的神话而交易。这通常会导致第三型人格者被市场三振出局。

用以描述第三型人格的形容词包括：务实的、强劲的、索然乏味的、形象意识清醒的、谋求地位的、精于算计的、剥削的、傲慢的、狂妄的、自我陶醉的。

第四型人格

具有第四型人格的人通常认为自己是交易大厅的受害者。他们独自沉浸在自己的世界中，甚至有些离群索居。他们倾向于有自知之明，并且感觉到在能够表达自己之前应该了解自己。如果你入侵了他们的地盘，你会马上意识到这一点。作为交易者，当他们确实做到了自我认知，他们就能够达到最佳状态。这给了他们一种直觉，它在交易中是非常宝贵的品质。一些最优秀的交易者拥有音乐或艺术背景。在音乐中感知重复的旋律、在艺术中寻找模式似乎为他们对价格变动提供了深刻的洞见。拥有第四型人格的交易者能够提出有创造性的交易策略和富有想象力的利差。他们能够看穿指数与潜在资产之间的关联，而其他人无法洞见。但他们面对的危险是，当他们在情感方面变得麻痹时会非常沮丧。这会导致喜怒无常、绝望，最终自我摧毁。

描述第四型人格的形容词有：敏感的、易怒的、戏剧性的、风雅的、有创造性的、喜怒无常的、忧郁的、病态的、绝望的和颓废的。

第五型人格

拥有第五型人格的人是全世界交易大厅内的智者。他们总是在学习。看懂市场，从心理学方面和数学方面理解市场的运行原理对于他们来说非常重要。你会听到他们将每日的价格走势理论化。他们是那种如果你无法搞清楚市场的状况，就可以去找他们了解情况的人。当他们交易了一段时间之后，就会形成一套自己的理论用以解释市场的趋势变动。拥有第五型人格的交易者需警惕自己太过沉迷于研究与思考。这会导致他们最终将市场看作一个困扰。他们的理论会变得如此复杂、深奥，以致与现实脱轨。了解这一点后，第五型人格者就可以防止自己太过沉迷于自己的理论分析，而是好好利用自己的思维优势做出理性分析。

描述第五型人格的形容词有：热情的、头脑的、革新的、神秘的、幻想的、天才的、极端的、偏执的、精神分裂的、激进的和有智慧的。

第六型人格

这类交易者总是像谜一样地出现。有时他们看起来自信而开放，接下来又会变得多疑而偏执。至少可以说，他们自身充满了矛盾。这很大程度上在于他们有时会感到自卑，而有时又为了克服自卑情绪而表现得过于极端自信。这种情形会在交易中体现得淋漓尽致。某一天，他们是交易大厅中表现最佳的交易者。他们的自信是对恐惧、焦虑和自卑情绪的反应。而接下来的一天，他们会错失重大机遇，因为此时自卑占据了他们的头脑，他们认为自己不配成功。通过了解自己头脑中的对立，他们有选择地做出调整。当失败先生出现时，即便他们只是转身离开交易大厅，等到得胜将军回来的时候再重返战场也是好的。但如果他们不清楚是哪一种情绪占据了主导地位，就会导致迷茫、依赖和交易损失。

用来形容第六型人格者的形容词有：忠诚的、负责任的、有魅力的、问题解决者、焦虑的、多疑的、受虐的、忠诚的、矛盾的和值得信赖的。

第七型人格

这种类型的人能够被看作宴会人群或者交易大厅中的马大哈。在他们最好的状态下，他们是天才成功者。第七型人格者想要最好的东西，交易对他们来说就是最好的实现方式，这样他们才能够享受人生。这既是他们的交易动机，也是他们的弱点。成为一名行家的代价很高昂——开最棒的跑车，喝年份最久的酒，穿着最时髦的衣服等。交易可以给予他们这种生活方式，而不让他们辛苦工作。对交易饱含激情是很重要的。完全的物质主义无法激励一名交易者去做能够带来成功的高强度的工作。自我认知能够促使第七型人格者对自己的缺点有所省察，从而使他们成为市场中的行家。

描述第七型人格的形容词包括：热情的、活泼的、有活力的、喜欢享乐的、多才多艺的、贪得无厌的、成瘾的、强迫的、极度活跃的和浅薄的。

第八型人格

第八型人格者是交易大厅里最有手腕的人。他们有自信并且是高度自信的，愿意冒险，会极力掩饰自我脆弱的那一面。他们通常是交易大厅的领导者，因为他们有着强有力的手腕和激进的做派。如果他们表达了自己性格中霸气的一面，他们就会变得有些专治，并破坏掉先前很好的交易经验。他们将自己视作先天的领导者。如果能够克制一些，他们能够成为优秀的交易者。但他们需要认清他们内心里善于构造华丽的错觉的事实。这会导致过于激进的、鲁莽的交易。

用来描述第八型人格的形容词有：强大的、任性的、挑衅的、权威的、好事的、好战的、狂妄自大的和过于自信的。

第九型人格

拥有这类性格特征的人在交易大厅中最为平易近人。他们想与每一个人成为朋友，并且不惜一切代价避免冲突的发生。他们想在交易大厅中不计成本地保持和平。在他们最好的状态下，他们的情绪非常稳定，对于交易者来说，这是很好的品质。更重要的是，他们想跟随市场的脚步。他们常常是趋势的跟随者，仅从市场中拿走他们应得的，绝不与趋势对抗。他们的危险在于，他们不愿意面对交易中可能出现的问题，这会导致他们无所适从，从而与市场脱轨。只有在了解了自己最好和最差的性格特征后，他们才能在交易中赚钱。

描述第九型人格的形容词有：随和的、令人愉快的、自满的、自然随和的、粗枝大叶的、反应迟钝的、消极的、闲散的、宿命论的。

你是九型人格中的哪一种

不幸的是，你无法根据上面极为简单的概述对自己的性格做出分析。从严格意义上说，它只能告诉你自我认知是如何获得的。接下来你需要做的是认真地阅读，花一些时间在网上进行查阅。你可以在本书后面的附录 C 中找到一些标题和网站。在互联网中，你可以获取额外的背景信息、研讨会的记录以及一份指导者和教练清单。甚至有一些测试题，出题人声称他们可以据此判断你属于哪一类型的人格。我提醒你的是，在测试前请先完成足够的阅读。原因在于，在大多数情况下，你对题目和自己并没有充分的了解，以至于无法正确地做出回答。

下一步就是去测试你对新事物的认知能力。例如，这里有两个关键问题你应该能够回答。第一个问题是，是什么内在的力量驱使你想成为一名交易者？第二个问题是，一旦你开始交易，问问自己是什么原因促使你想完成每一笔交易？答案并不是被交易资产的一些技术性的分析信号或者基本面数据，答案必须来自你的内心。一般来讲，是什么促使你交易，尤其是开展一笔具体的交易？你的动机是合理的吗？你是否曾面对过心魔？

我们拿第一型人格举个例子。他们不太有自信，而且拘泥于细节。这些问题有没有得到解决？驱策他们交易的动机是否与他们的性格相符？或者第二型人格者不得不一边操心着自己的生意，一边专注于交易。第三型人格者担心自己无法进入状态，他们交易的目的就是炫耀。当第四型人格者面对一连串的损失时，他们必须使自己免于过度沮丧。请记住，亏损就像是四季变化，它们总会过去。第五型人格者需保持交易的单纯，不要过度操心每一笔交易。第六型人格者需留心他们的自卑情绪不要控制住内心。物质主义，作为第七型人格者唯一的交易动机，是无法持久地支撑他们走下去的。第八型人格者很容易被一笔大额亏损击垮，所以他们必须为如何弥补亏损做好准备。如果市场变得对抗而不理性，第九型人格者很容易陷入恐慌中。

在你开始交易之前，如果你没有花时间认清自己到底属于哪一种性格，你一定会在开始交易后不久意识到自己的局限性。我的祖父曾说过："草率地结婚，后悔一辈子。"这个意思的另一种表达是，你必须如自己所是，才能够取得成功。我一直没能真正理解这些谚语，直到我花时间发掘自我。如果你不做这一步，当交易的压力来临时，你会发现自己深陷于各种情绪中无法自拔。这种混合的感情会让你做出理性判断的能力发生短路。而当你必须完全专注于一笔交易时，你又会担心自己的形象和其他的一些心理问题。当一些事情发生了，你就知道自己必须做些什么了。比如应该建仓的时候，你却犹豫了。或者你知道是时候割肉止损了，你却不忍割肉继续持仓。你原本优异的交易本能被现实掌掴，就好比被打得东倒西歪的一名战士。

你知道自己想成为一名成功的交易者，但情感的包袱在拖你的后腿。当这一切发生后，你会看到交易者忙于搜索新的技术分析系统，寻找一个更快速的交易平台，或者更换一家新的经纪公司。无法获得成功都是别人的错误，唯独不是那名交易者自己的。事实上，他只是缺少自我认知。

坦白地讲，我认为在交易中充分了解自己会带来不同凡响的结果。我这样讲的原因在于我见过数以百计的学生虔诚地来到交易学校进行学习。他们学习了交易的基本原理，他们被提醒过交易是如此之难，当他们第一次用自己辛苦赚来的钱去做交易的时候，各种情况如此彻底地发生了变化。然而，到此为止，培训结束。什么东西被遗漏了，那就是当亏损的压力显露出来的时候，如何避免自己最负面的情绪的爆发，比如愤怒、恐惧、希望、绝望、不自信等。

在任何冒险活动中，在准备阶段你所能做的最重要的事，就是区分成功或失败所依赖的关键准则。在我看来，交易的关键准则就是自我认知。在你开户前充分地了解自己，清楚自己成为交易者的动机，你就已经超越了90% 进入交易行业中的人。更重要的是，你将会有更大的把握取得成功。

|附录 A|

订 单 类 型

作为一名直接访问交易者，你需要承担的诸多角色之一就是订单处理员。这种职能要求你了解订单的路径，以及能够使用的订单的类别。此外，你需要确认每一笔订单都被准确无误地录入，并且要确定订单是否生效。到时候，你必须打印出已经完成的订单，这是出于归档保存的需要。你不能指望清算公司或经纪公司的经纪人像提供全方位服务的经纪公司的经纪人那样，为你跟踪你的交易。然而，打了折的经纪人或是直接访问公司的经纪人还是能够提供帮助的，他们会访问你的账户，关注你的账户的细节。有必要的时候，打电话联系他们，但这样会延迟交易的时间。

追踪订单的必要性比大多数交易者认为的重要得多。除了了解和访问各种电子通信网络交易平台与交易所，你必须清楚地知道哪一家有你所要交易股票的流动性。快速成交取决于对流动性的把握。了解哪一种类型的订单会被接受或拒绝也是个重要的问题。比如，一些电子通信网络交易平台不接收市场订单。当你必须退出一笔交易的时候，你却错误地录入了订单，就会造成时间的延迟，其代价可能是昂贵的。因为订单录入规则时常发生变化，我建议你登录交易所的网站或者电子通信网络交易平台获取和使用最新的信息。如果你打算买卖在纳斯达克市场上市交易的股票，那么请及时访问纳斯达克的网站以获取你想要交易的股票的流动性信息。

在使用软件平台方面你必须接受很好的培训，因为你需要执行自己的订单。一些平台设有很多复杂的订单录入功能，例如保留订单和保密止损订单，那需要花费一些时间学习才能够有效地使用。

你在交易中会使用两种基本的订单类别，即有条件的和无条件的。有条件的订单需要录入时间、价格、数量等条款，而无条件的订单没有任何限制。在合适的时间使用合适的订单可以导致盈利或亏损的巨大不同。但也要记住，一些电子交易系统是不接收某些类别的订单。

这里有一些你应该了解的术语。

整批委托指令：它要求你的订单全部成交，或者全部不成交。

撤销、替换指令（CFO）：撤销当前的指令，替换为一份新的指令。它通常是由于订单中交易要素的改变而造成的，比如价格或数量的变化。

当日委托指令：仅在下单当日或者下单时的交易时段生效的指令。

全权委托指令：将交易权委托给其他人，如经纪人的指令。这是一份全权委托，受托人可以做出全部的交易决策。或者也可以是一份有限制权限的委托，委托人决定购买的证券、是否买卖以及买卖数量，经纪人决定交易的时间和价格。

立即执行指令（FOK）：你的订单必须被立即、完整地执行，否则将被撤销。

撤销：你设置订单撤销的时间或日期。

撤销前有效（GTC）：等待执行的交易指令，除非在生效前撤销。

限价订单：你设置自己能够接受的价格水平，你必须在此价格或者更好的价格水平成交。

触及市价委托（MIT）：为证券设定一个具体价格，当触及该价格时，订单立即生效并成交。

收盘市价订单：在一个交易时段的收盘期间，你的订单应该成交。

开盘市价订单：在一个交易时段的开盘期间，你的订单应该成交。

市价订单：指按照当时最优价格立即买进或卖出一定数量的期货合约的订单，这种订单并不规定具体的成交价格。

限价止损订单：你设定一个止损价格，当价格触及该价格水平时，你的订单就会成为限价订单。

止损订单：你设定一个止损价格，当价格触及该价格水平时，你的订单就会成为市价订单。

注：电子通信网络交易平台并不接受一切类型的订单。例如，Island 不接受市价订单。你需要了解每一个电子通信网络交易平台能够接受的订单类型。大多数电子交易平台能够执行很大范围内的订单类别，但记得要在使用前确认好你计划使用的交易平台能够接受的订单类型。

了解二级市场

作为一个直接访问交易者，你会花费大量的时间查看纳斯达克二级市场的交易显示屏。上面会显示哪些做市商正在买入或卖出你所交易的股票。每一个信息都由一个代码表示，你会在二级市场的交易显示屏上看到各个电子通信网络交易平台的代码，比如 Archipelago 的代码是 ARCH，Island 的代码是 ISDN。最终你会记得你所青睐的股票的主要玩家。

Aegis Capital Corp. AGIS

Alex Brown & Sons ABSB

Bear Stearns & Co. BEST

Bernard Madoff MADF

BT Securities Corp. BTSC

Cantor Fitzgerald & Co. CANT

Carlin Equities Corp. CLYN

CJLawrence/Deutsche CJDB

Coastal Securities LTD. COST

Cowen & Co. COWN

CS First Boston FBCO

Dain Bosworth Inc. DAIN

Domestic Securities Inc. DOMS

Donaldson, Lufkin, Jenrette DLJP

Exponential Capital Markets EXPO

Fahnestock & Co. FAHN

First Albany Corp. FACT

Fox-Pitt, Kelton Inc. FPKI

FurmanSelz Inc. SELZ

Goldman Sachs & Co. GSCO

Gruntal & Co. GRUN

GVR Co. GVRC

Hambrecht & Quist Inc. HMQT

Herzog, Heine, Geduld HRZG

J.P. Morgan Securities Inc. JPMS

Jeffries Co. Inc. JEFF

Kemper Securities Inc. KEMP

Lehman Brothers LEHM

M.H. Meyerson & Co. MHMY

Mayer Schweitzer Inc. MASH

Merrill Lynch & Co. MLCO

Midwest Stock Exchange MWSE

Montgomery Securities MONT

Morgan Stanley MSCO

Nash Weiss NAWE

Needham & Co. NEED

Nomura Securities Int'l., Inc. NMRA

Olde Discount Corp. OLDE

Oppenheimer & Co. OPCO

Paine Webber PWJC

Pershing Trading Company PERT

Piper Jaffray Inc. PIPR

Prudential Securities Inc. PRUS

PunkZiegel & KnoellInc. PUNK

Ragen McKenzie Inc. RAGN

Rauscher Pierce RefsnesInc. RPSC

Robertson Stephens & Co. RSSF

S.G. Warburg & Co. Inc. WARB

Salomon Brothers SALB

Sands Brothers Inc. SBNY

Sherwood Securities Corp. SHWD

Smith Barney Shearson SBSH

Soundview Financial Group SNDV

Southwest Securities Inc. SWST

Teevan & Co. TVAN

Troster Singer TSCO

Tucker Anthony Inc. TUCK

UBS Securities Inc. UBSS

Volpe Welty VOLP

Wallstreet Equities Inc. WSEI

WedbushMorganSecurities WEDB

Weeden & Co. LP WEED

Wertheim Shroder & Co. WERT

Wesels Arnold & Henderson WSLS

Wheat First Securities Inc. WEAT

William Blair & Co. WBLR

更多信息来源

书籍和出版物

Babcock, Bruce, Jr., *The Business One Irwin Guide to Trading Systems*, Business One Irwin, Homewood, IL, 1989.

Bookstaber, Richard M., *Option Pricing and Investment Strategies*, 3rd ed., Pro-busPublishing,Chicago,1991.

Chicago Board of Trade Commodity Trading Manual, Board of Trade of the City of Chicago.(Updated and revised approximately every other year. Check for the latest edition.)

The Encyclopedia of Historical Charts, Commodity Perspective, Chicago.

Fontanills, George A., *Trade Options Online*, John Wiley & Sons, New York, 2000.

Futures Almanac。Harfield 有两种绝佳的产品为期货交易者所使用。首先是年鉴、日历、百科和年刊。内容包括图表、比率、基本面、技术指标、

所有关键报告的提示、前景预期和长期图表，你每天都能够使用到它们。其次是"高塔报告"（The Hightower Report），那是一份关于商品参考指南的更新简报。这两种工具可以使你站在市场的高处，收获最全面的信息。

Futures and Options Fact Book (annual), Futures Industry Institute, Washington, DC.

Futures Magazine and Annual Sourcebook (250 South Wacker Drive, Suite 1150, Chicago, IL 60606; phone:312-977-0999; fax: 312-977-1042.)
你会发现这类资料对于你了解期货交易市场的动态非常有帮助，其中充满了各式各样的交易所内的信息和小故事，以帮助你进行交易和分析。

Gann, William D., *How to Make Profits in Commodities*, Lambert-Gann, Pomeroy, WA, 1951.

Gann, William D., *Truth of the Stock Tape*, Financial Guardian, NewYork. 1932.

Hafer, Bob, *The CRB Commodity Yearbook* (annual), Bridge Commodity Research Bureau, New York.

Jiler, William L., *How Charts Can Help You in the Stock Market*, Standard & Poor's Corporation, New York, 1962.

McCafferty, Thomas A., *All about Commodities*, Probus Publishing, Chicago, 1992.

McCafferty, Thomas A., *All about Futures*, Probus Publishing, Chicago, 1992.

McCafferty, Thomas A., *All about Options*, 2nd ed., McGraw-Hill, New York, 1998.

McCafferty, Thomas A., *Understanding Hedged Scale Trading*, McGraw-Hill,New York, 2001.

McCafferty, Thomas A., *Winning with Managed Futures*, Probus

Publishing, Chicago, 1994.

Mehrabian, Albert, *Your Inner Path to Investment Success: Insights into the Psychologyof Investing*, Probus Publishing, Chicago, 1991.

Nassar, David, *Rules of the Trade*, McGraw-Hill, New York, 2001.

Natenberg, Sheldon, *Option Volatility and Pricing Strategies: Advanced Trading Techniques for Professionals*, Probus Publishing, Chicago, 1988.

Palmer, Helen, *The Enneagram Advantage*, Harmony Books, New York, 1998.

Riso, Don Richard, *Personality Types*, Houghton Mifflin, Boston, 1987.

Roche, Julian, *Forecasting Commodity Markets: Using Technical, Fundamental and Econometric Analysis*, Probus Publishing, Chicago, 1996.

Samuelson, Paul A.and William D. Nordhaus, *Economics*, McGraw-Hill, NewYork, 1998.

Schwager, Jack D., *A Complete Guide to the Futures Markets: FundamentalAnalysis, Technical Analysis, Trading, Spreads, and Options*, John Wiley &Sons, New York, 1984.

Schwager, Jack D., *Market Wizards: Interviews with Top Traders*, Simon&Schuster, New York, 1989.

Schwager, Jack D., *The NewMarket Wizards: Conversations with America's TopTraders*, HarperBusiness, New York, 1992.

Teweles, Richard J., Charles V. Harlow 和 Herbert L. Stone, *The CommodityFutures Game: Who Wins? Who Loses? Why?* McGraw-Hill, New York, 1974.

时事通信和杂志

Active Trader, www.activetradermag.com.

"Cycles," Foundation for the Study of Cycles, 2600 Michelson Drive, Suite 1570, Irvine, CA 92715.

"Opportunities in Options Newsletter," P.O. Box 2126, Malibu, CA 90265.

Technical Analysis of Stocks and Commodities, 9131 California Avenue SW, Seattle, WA 98136.

监管机构

商品期货交易委员会（Commodity Futures Trading Commission）

2033 K Street NW

Washington, DC 20581

电话：202-254-6387

全美证券商协会（National Association of Securities Dealers）

1735 K Street, NW

Washington, DC 20006

电话：202-728-8044

全美期货协会（National Futures Association）

200 W. Madison, Suite 1600

Chicago, IL 60606

免费电话：800-621-3570

北美证券管理协会（North American Securities Administration Association）

2930 SW Wanamaker Drive

Suite 5

Topeka, KS 66614

电话：913-273-2600

期权行业委员会（The Options Industry Council）

440 S. LaSalle Street

Suite 2400

Chicago, IL 60605

证券交易委员会（Securities and Exchange Commission）

450 Fifth Street, NW

Washington, DC 20006

电话：202-728-8233

网络信息资源

美国农业部，www.usda.com

这是查找农业商品信息的首选网站，其中你能够找到300条以上的资讯，包含全国农业统计服务提供的、有关农作物和牲畜的报告，来自经济学研究服务的前景和现状报告，还有国外农业服务的世界交易函件，以及来自世界农业前景委员会的供需与农作物天气报告。

你也能够找到所有报告的月度月历和发布日期。农业部门会将提示和通知信息通过电子邮件发送到你的邮箱。这是一个为你提供一站式服务的信息中心，去看看吧。

期权网站

Aiqsystems.com

Option-all.com

Optionscentral.com (Options Industry Association)

Option-max.com

Optionvue.com

Optionwizard.com

Pmpublishing.com

ZeroDelta.com

技术分析网站

Barchart.com

BigCharts.com

Futures.tradingcharts.com

Tfc-charts.w2d.com

常用网络杂志 / 财经新闻网站

ABC 新闻	www.abcnews.com
《巴伦周刊》	www.barrons.com
彭博资讯	www.bloomberg.com
《商业周刊》	www.businessweek.com
美国全国广播公司财经频道	www.cnbc.com
财经频道	www.cnnfn.com
道琼斯股票	www.dowjones.com
《经济学家》	www.economist.com
金融时事通信	www.financialnewsletter.com
《金融时报》	www.ft.com
《财富》周刊	www.fortune.com
福克斯市场电报	www.foxmarketwire.com
《基曾林格》在线	www.kiplinger.com
财富在线	www.pathfinder.com/money
傻瓜投资	www.fool.com

新闻警报	www.newsalert.com
路透社	www.reuters.com
汤姆森投资者广播网	www.thomsoninvest.net
《今日美国财经版》	www.usatoday.com/money
《华尔街日报》	www.interactive.wsj.com
财富	www.worth.com
雅虎财经版	www.yahoocom/finance
扎克斯投资研究	www.zacks.com

期货交易所

每一个交易所均有公共信息部门，可以根据要求提供信息。

芝加哥交易所（Chicago Board of Trade）

141 W. Jackson Boulevard

Chicago, IL 60604-2994

www.cbot.com

电话：312-435-3500

传真：312-341-3306

芝加哥商品交易所（Chicago Mercantile Exchange）

30 S. Wacker Drive

Chicago, IL 60606

电话：312-930-1000

传真：312-930-3439

堪萨斯城交易所（Kansas City Board of Trade）

4800 Main Street

Suite 303

Kansas City, MO 64112

电话：816-753-7500

传真：816-753-3944

美国中部商品交易所（MidAmerica Commodity Exchange）

444 W. Jackson Boulevard

Chicago, IL 60606

www.midam.com

电话：312-341-3000

传真：312-341-3027

明尼阿波利斯市谷物交易所（Minneapolis Grain Exchange）

150 Grain Exchange Building

Minneapolis, MN 55415

www.mgex.com

邮箱：info@mgex.com

电话：(612) 321-7101

传真：(612) 339-1155

纽约交易所（New York Board of Trade）

23-10 43rd Avenue

Long Island City, NY 11101

www.nybot.com

邮箱：webmaster@nybot.com

电话：212-742-6000

传真：212-748-4321

咖啡、糖和可可部（Coffee, Sugar & Cocoa Division）

(CSCE)

纽约商品部（New York Commodity Division）

(NYCE)

纽约期货部（New York Futures Division）

(NYFE)

康托部门（Cantor Division）

菲尼克斯金融产品交易部（Finex Division）

纽约商品交易所（New York Mercantile Exchange）

One North End Avenue

World Financial Center

New York, NY 10282-1101

www.nymex.com

邮箱：exchangeinfo@nymex.com

电话：212-299-2000

传真：212-301-4700

大宗商品交易部门（COMEX Division）

费城交易所（Philadelphia Board of Trade）

费城股票交易所（Philadelphia Stock Exchange）

Building

1900 Market Street

Philadelphia, PA 19105

www.phix.com

邮箱：info@phix.com

电话：215-496-5000

传真：215-496-5460

证券和期货交易所

芝加哥期权交易所（Chicago Board Options Exchange）

www.cboe.com

芝加哥交易所（Chicago Board of Trade）

www.cbot.com

芝加哥商品交易所（Chicago Mercantile Exchange）

www.cme.com

芝加哥证券交易所（Chicago Stock Exchange）

www.chicagostockex.com

纳斯达克交易所（Nasdaq Exchange）

www.nasdaq-amex.com

纽约证券交易所（New York Stock Exchange）

www.nyse.com

纽约商品交易所（New York Mercantile Exchange）

www.nymex.com

费城证券交易所（Philadelphia Stock Exchange）

www.phlx.com

太平洋证券交易所（Pacific Stock Exchange）

www.pacificex.com

关 于 作 者

托马斯·A. 麦卡弗蒂（Thomas A. McCafferty）

自 20 世纪 70 年代早期，麦卡弗蒂先生就开始了现货商品、期货、期权和证券交易业务。他一直以来不断学习、交易、做经纪人，最重要的是，他观察了形形色色的专业交易者的交易行为。他正在准备撰写《赢得管理期货：如何选择一名顶级商品交易顾问》（*Winning with Managed Futures: How to Select a Top Performing Commodity Trading Advisor*）。此外，他在市场智慧交易学校供职，也撰写了股票、期货、期权和大宗商品套期保值交易等方面的诸多书籍。

麦卡弗蒂先生一直是交易领域求知若渴的学生，他经历了从经纪人协助交易的鼎盛时期到电子化直接访问交易时代的重大变革和转型。他撰写的其他书籍包括：《关于商品的一切》（*Allabout Commodities*）、《关于期货的一切》（*All about Futures*）、《关于期权的一切》（*All about Options*）和《了解对冲交易》（*Understanding Hedged Scale Trading*）。